空き家幸福論

問題解決のカギは「心」と「新しい経済」にあった

藤木哲也

日経BP

まえがき

空き家が幸福につながるという不思議

両親から託された家を手放すまでにはさまざまな葛藤、困難がある。

急峻な山々に囲まれた、かつては甲州街道で栄えた山梨県大月市でご両親が残した家を管理してきた山本綾子さん（仮名）もほかの多くの人たち同様、家、敷地内に大量に残された生活用品を前にあぜんとしていた**【事例01】**。

これらをすべて廃棄するためにはどれだけの手間、時間がかかることだろう――。山本

事例

01 思い出の詰まった渓流沿いの一軒家

場所	山梨県大月市
土地	136㎡
建物	木造2階建て48㎡
購入者	30代男性
理由	セカンドハウスとして

昭和48年、持ち主が3歳の頃に両親と姉妹の5人家族で越してきた家。もともと2Kの平屋だったが、家族の成長とともに2回増築。子どもは仕事や結婚を機に家を出、両親だけになり、父が18年前、母が14年前に亡くなってからは空き家になっていた。

さんは、各種の空き家セミナー、相談会に出席、勉強を重ねるうち、どうやら、家の一部に未登記部分があることも分かり、こんな状態で不動産会社は相談に乗ってくれるだろうかとますます心配になったそうだ。

山本さんがこの家に引っ越してきたのは昭和48年、3歳の頃だった。家族はご両親と2人のお姉さん。もともとは台所と二間だけの小さな平屋だったが、子どもたちの成長とともに2度、増築を重ねる。ご両親はそろって釣り好きで、夏になると釣り仲間が訪ねてくることもしばしば。増築した2階は目の前を流れる相模川の上流に当たる桂川を展望できる造りとなっていて、ご尊父の格別のお気に入りだったそうだ。

その後、娘3人は仕事や結婚を機に家を出て、家に残されたのはご両親だけ。そして14年前には二人とも他界してしまい、家は空き家になった。この間に、かつては4万人を数えるまでに発展した町は徐々に人口が減少、現在ではその半分ほどに。どこにでもある、日本の地方都市の風景である。

ご両親は、この家は末っ子の綾子さんに相続してもらって、娘3人がいつでも帰って来られる場所として残してほしいと、いつも言っていたそうだ。しかし、綾子さんにも家庭の事情がある。相続はしたが、次第に管理が大変になり、家にも徐々に劣化が目立つようになってもきた。


綾子さんはこのままではご近所にも申し訳ないと、処分を決めた。しかし、大量の残置物、未登記という難題もあって手を付けかねていたというわけだ。

そんなある日、目にしたのが「家いちば」というウェブサイトだ。これが、私の手がけた個人で不動産の売買商談ができるサイト。どんな状態でもそのまま売りに出せる。綾子さんとしては大量にものが残されたままでも大丈夫なのか、心配されたそうだが、もしかして、この家を欲しいと思ってくれる人がいればとダメ元で載せてみた。

山本さんは、掲載から1週間としないうちに30件を超える問い合わせがあったと驚き、欲しい人がいるかどころではなく、どの人と話を進めればいいのか迷うほどだったという。そんなときは内覧会を開くといいとアドバイスし、山本さんは本当にこんな不便なところにまで足を運んでくれる人がいるのだろうかと半ば疑いながら、内覧会を開いた。

その後、なんと15人から購入の申し込みがあった。希望販売価格は70万円としていたが、中にはその2倍以上の値段を付けてくれた人もいた。だが、山本さんは値段よりも両親が喜ぶような使い方をしてくれそうな人に買ってもらおうと考えた。

やりとりを重ね、最終的に横浜市内に住む人に売却した。山や川などの自然に囲まれた環境にセカンドハウスが欲しいと探していた人で、ご尊父が残した釣り道具も喜んでそのまま受け取ってくれたという。山本さんは「この家が自分たちの家ではなくなった後も、釣りを愛した父母同様この家を大事に使ってくれるだろうと思うと、父母も喜んでくれる気がした」と語ってくれた。

「買ってくださった方には感謝の気持ちしかありません」。引き渡し終了後の山本さんの感想である。悩みの種だった家が売れただけではなく、ご両親が喜んでくれそうな人に渡すことができた。重荷が喜びに変わったのだ。これを幸福と言わずしてなんと言おう。

近年、空き家問題が深刻化していると言われている。しかし、私が売り手と買い手が直接やりとりをして空き家を取引する家いちばを5年間運営して見てきた光景からすると、何か違う世界が広がっていることを感じる。空き家は本当に「問題」なのか。やり方によっては、もっとたくさんの人が、空き家でむしろ幸せになることができるのではないか。

本書では、空き家の売買現場で実際に起こっていることを詳しくレポートしながら、これから日本が進んでいくのであろう将来像、いやこうなるべきという未来像を一緒に考えていけたらと思う。

2020年晩秋

藤木哲也

目次

第2章

空き家売買で幸福になれる仕組み　71

第1章

売っても買っても幸せになれる理由

1　売る側も相手を選べる

売るなら「あの人」に

空き家を手放したいとは思っていても、相手は誰でもよいわけではない。高く売れればよいというわけでもない。長年、家族が住んできた、親が暮らしてきた家を手放すとき、それぞれにいろいろな思いがあふれてくる。できればその思いをくんでくれる人に引き継いでもらいたい。そう考えている人も多いのではなかろうか。「家いちば」のように売る側、買う側が直接にやりとりする仕組みだと、そうした思いが実現できるケースが多々ある。私が見てきた実例をいくつかご紹介しよう。

最初の例は兵庫県に住んでいる須藤良子さん（仮名）の話だ【事例02】。須藤さんは、他界したばかりの夫の実家のことで悩んでいた。その実家は、瀬戸内の穏やかな気候で晴れの日が多い四国の小さな港町にあり、夫が、祖母と両親、弟の5人家族で楽しく暮らして

事例

02 瀬戸内海を望む小さな町の農家

場所	香川県三豊市
土地	4511㎡
建物	木造平屋ほか3棟計203㎡
購入者	40代男性
理由	修繕しがいのある家を探していた

持ち主の夫が生まれ育った実家。夫が祖母、両親、弟の5人家族で楽しく暮らした思い出の家。両親が2人ともすでに亡くなっており、夫も他界して、ここ10年ほど空き家に。徒歩5分で海に出られて、夏は海水浴、釣りは年中楽しめる立地。

いた思い出の家だ。その実家も、農業をしていた夫の両親が10年以上前に亡くなり、以来、空き家のままになっていた。誰も住まなくなって年々傷みがひどくなっていくのも見ていた。そこに夫が急逝して、ついにすべてが須藤さんの肩にかかってきたのだ。

須藤さんには、ご先祖が残してくれた代々の家をこのまま埋もれさせるわけにもいかず、できれば誰かに活用してほしいという思いがあった。そのような人に空き家を譲れないか、地元の不動産会社にも相談したが、なかなかよい話はなかったという。そうこうしているうちに、須藤さんはテレビで家いちばを知る。須藤さんはさっそく物件情報を載せてみた。すると1カ月で70件近くの問い合わせを受けることになった。納屋付きの昔ながらの農家の造りの古民家と比較的新しい増築した日本家屋の2棟があり、海水浴場も近い立地だ。それでいて「タダでお譲りします」とのコメントを載せたからだろうか。

須藤さんはこの反響にびっくりした。周囲には田んぼしかないような田舎に20組を超える購入希望者が内覧に押し寄せて、ご近所の人も何事かと驚いた。内覧の対応は大変だったというが、須藤さんは一人一人とじっくり話をして、メモも取った。タダでもいいと思っていた空き家に100万円以上の値段を付ける人もいたが、須藤さんはその中から、地域に溶け込んで地元の皆さんに教わりながら農業にチャレンジし、ゆくゆくは農業体験民宿をやりたいという夢を持っている人を譲る相手に選んだ。

須藤さんがタダでも構わないと思ったのは「誰でもいいからタダでもらってほしい」という意味ではなかった。確かに「タダならもらってやろう」と軽い気持ちで問い合わせをしてきた買い手も少なくなかった。

しかし、須藤さんが何よりも気にしていたのは「いい人」であるかどうかだった。この人になら安心して託せると思えるかどうか。価格は二の次だった。須藤さんは多くの人の中から、そう信じられる人を選ぶことができ、心の重荷を下ろすことができたのである。

事例

03 山間の坂を上ってたどり着く日本家屋

場所	北九州市門司区
土地	743㎡
建物	木造平屋110㎡
購入者	40代男性
理由	自然の中の一軒家を迎賓館にも

昭和7年築。畑付き。かつては持ち主の妹夫婦とその子どもたちも遊びに来たりしてにぎわった家。家も古いため廃れる一方、畑ではトマトなどを植えていたがそれも今では雑草だらけになっていた。価格は購入者にお任せだった物件。

北九州市の小川菊枝さん（仮名）もそんな相手に巡り合った一人だ**【事例03】**。関門海峡に面する門司港のレトロ地区にも近い戦前の昭和７年に建てられた畑付き、平屋建ての空き家は、かつて小川さん（仮名）が家族４人で暮らした家。

夏休みには、妹家族と一緒に大人、子ども総勢十数名が寝泊まりしてキャンプ場のようなにぎやかさだった。畑で育てたミニトマトを子どもたちが収穫して朝ごはんで食べたり、庭でバーベキューや花火をしたりして楽しんだ思い出の詰まった場所だ。だが、あれから年月がたち、数年前には両親が亡くなってしまい、今は月に数回空気の入れ替えに行くくらい。畑も雑草だらけになってしまった。小川さんはこれ以上荒れてしまう前に誰かに使ってほしいと思った。

そこで「価格は購入者さまで決めてください」とコメントを入れて家いちばに載せてみたところ、1週間で20件ほど問い合わせがあった。一人一人へのメールでの対応が難しいため、内覧会を開くことにした。最終的には160件もの問い合わせがあり、そのうちおよそ40人からの申し込みがあった。購入希望額は数万円から200万円を超える金額までと幅広かった。

同様に買い手が思い描く使い道もさまざまだった。フランスから日本に移住をしようとする人、農業で自給自足生活を考える人、映画に出てくるような落ち着くカフェにしたいとか、地域に開放した図書館にしたいなどという人もいた。

小川さんはこのような人たちの熱心な思いに共感しつつ、誰に使ってもらおうか、考えに考えた。1人だけを選ぶのは大変だったが、最終的には海外からの訪問者用に迎賓館のように使いたいと考える教会の牧師さんを買い手として選んだ。牧師さんの提示した額は高いものではなかった。しかし、いい人に買ってもらうこと、あの家がもう一度幸せな場所になることが、小川さんにとって高額で売れること以上に価値があったのだ。

このような事例は特殊なケースではない。私自身、不動産の仕事に長く携わっているが、価格で相手を選ばないこの売主たちの現実に、かなり衝撃を受けた。これまでは物事を経済学の原理で考えることが当たり前だったからだ。だが、ひょっとするとそういう不動産事業者側の思い込みが空き家売買の邪魔をしていたのではなかろうか。家いちばはその仮説を検証する実験場となっていった。

時間をかけても理解してくれる人に

金額にとらわれない直接取引では商談が長期間に及ぶこともある。だが、それが逆に売り手、買い手に幸福をもたらすことがある。

荻原里美さん（仮名）が、岩手県にある古民家を家いちばで売り始めたのは2019年の年明けからだった**【事例04】**。

荻原さんは10年以上前に田舎暮らしをしたくて関東から岩手県に移住してきた。知人から譲ってもらったこの家を自己流で昭和レトロにリフォームして、目の前の2000坪近

事例

04 田舎暮らしのための畑付き古民家

場所	岩手県奥州市
土地	1437㎡
建物	木造平屋92㎡ほかに作業場
購入者	30代夫婦
理由	東北への移住のため

2006年に田舎暮らしをしたくて関東から移住した持ち主の物件。昭和レトロなリビングにリフォームをしてあるので、それを土台にカフェを営業するのもよさそうな物件。春に咲く菜の花はそのままにしていてほしいという条件付き。

い畑の一部を使って菜の花でいっぱいにしてきており、土地にも家にも愛着があった。しかし、ほかでも畑仕事やカフェ営業をしていて、そろそろこの場からは移ろうと考えていたのだ。

家いちばに物件情報を掲載して2週間後に最初の内覧者がやってきた。地元の借家住まいで農業の研修をしていて、そろそろ自分の畑と一軒家が欲しいと探している人だった。だが、その人とは成約には至らなかった。2人目の購入希望者もすぐ現れ、東京からはるばる見に来た。しかし荻原さんは、その希望者も見送った。リフォームの考え方などがどうしても自分とは合わなかった。その後も、この物件には、農業をしたいという希望者を中心に10人ほど問い合わせがあったが、いまひとつだったようだ。

最終的な買い手となる本田敦子さん（仮名）から問い合わせがあったのは掲載から半年以上たってからだった。荻原さんは、売却の準備として自分も納得できる状態にして手放したかったため、ちょうど最低限のリフォームなどを進めていたときだった。

本田さんは東京の世田谷区に住んでおり、岩手への移住を計画していた。問い合わせをした頃は、本田さんにはまだ資金がなく、売買ではなく賃貸にしてもらえないかという交渉だった。ただ、荻原さんは賃貸にすることは考えておらず、やんわりお断りした。しかし本田さんは諦めきれず、一度現地を訪問したいと申し出た。本田さんが現地を見に行くことができたのは、それから3カ月後のこと。本田さんにはご主人（当時は婚約者）がいて、二人で岩手まで見に行った。念願の物件をやっと見ることができて、見てしまうと家の素敵な姿が頭を離れないほど、ますます気に入ってしまった。

荻原さんは、本田さんから改めて分割払いの相談をされたりしたが、双方にリスクが生じる取引方法であるため、すぐに応じるのは難しかった。その後、本田さんのご主人のほうからメールが届く。内覧への丁寧なお礼と、いったん諦める決意もつづりつつ、あの家と畑で婚約者と二人で暮らしたいという思いが切々とつづられていた。

それから数カ月して、新しい年も明けた頃、本田さんから荻原さんのもとへ、真冬の2月の雪の季節にも現地を見てみたいとの申し出が再びあった。本田さんたちは今度は電車で行くこととなり、荻原さんは東北本線の水沢駅まで迎えに行った。

3人は干し柿と珈琲で暖をとりながらゆっくり話し合いができた。荻原さんの気持ちはもう固まっていた。ここまで熱心に、これだけこの家を気に入ってくれる人たちに住んでもらえれば、この家にかけた自分の思いが報われると思ったのだ。資金が用意できる6月まで待つ前提で契約を進めることになった。支払いは4カ月も先になるということだったが、荻原さんは待つことにした。ほかにも10人ほど商談中の希望者はいたが、この二人に買ってもらうことが自分の幸せだと感じたのだ。

商談が成立した後、農業委員会の農地利用許可の手続きに思いのほか時間がかかることになり、農地部分を売買対象から外して別契約とした。本田さんのほうは、資金の目途が少し早くついて4月末に引き渡しとなった。ちょうど菜の花が一面に咲き誇る季節、本田さんら二人の田舎暮らし生活が始まった。

荻原さんは、1年半にも及ぶ体験を振り返った。希望者からのメールに一喜一憂しながらも、根気強く自分の考えに近い人がいるはずだという信念を曲げずに来た結果、遠く離れた土地にいた本田さんに巡り合え、家を引き渡せたことに満足した。感謝の気持ちで胸がいっぱいになったと感想を話してくれた。

時間はかかったが、話し合いのプロセスの中で、お互いが正直な姿勢で臨んでいるのかが分かってくる。そこに絆が生まれるのだ。古い建物だから、当然、雨漏りなどの不具合は付き物だ。そこを正直に伝えることで売るほうは憂いがないし、買うほうもむしろ安心する。荻原さんのように、売るまでにできる範囲で自分で修繕してくれる人もいるが、誰もができることではないだろう。答えは一つではないが、どうやればお互いに気持ちよく売り買いができるか、対等に考え合うことがとても大事だ。

買った人にも喜んでもらいたい

空き家は自分が不要になった家だ。それだけにどうしても自分ではマイナス面ばかりが気になる。こんな家を譲り受けてくれる人がいるだろうかと気になる。また買った人が、後になって嫌な思いをしないだろうかとも考えてしまう。そうした不安、恐れから空き家を売るのにためらいを持つ人もいるのではなかろうか。だが、恐れることはない。どんな

事例

05 遠方で管理できない相続した実家

築60年。不動産会社で売りに出してもらっても売れない空き家。クルマが入る道もない。持ち主は遠方に住んでおり、なかなか管理できず、近所から雑草のことで苦情も来ていた物件。

場所	広島県尾道市
土地	240㎡
建物	木造平屋54㎡ほかに建物あり
購入者	40代男性
理由	古い家をDIYしたい

家でも売り手、買い手が直接やりとりすることで本人が思ってもいなかった良いマッチングが生まれることもあるのだ。

父が亡くなり、広島県尾道市の空き家を相続した大崎初子さん（仮名）は地元の不動産会社に頼んで売りに出してはいたが、築60年と古く、クルマが入る道がないこともあってなかなか買い手が付かず、日がたつにつれ精神的に負担になっていた【事例05】。自分は現地からは離れた神戸に住んでいたため、管理の難しさも感じていた。近所の人から雑草のことで苦情を言われる夢まで見た。

まさにその日に、インターネットで偶然に家いちばを見つけ、情報を掲載してみたところ、3日で10件の問い合わせがあり、2日間かけて内覧会を実施することにした。大阪や広島のほか千葉や沖縄、タイからなど7人が来てくれいろいろな話ができて、それだけでも楽しい経験だったと大崎さんは話してくれた。最終的に、自転車が趣味で、古い家をＤＩＹ（Ｄｏ Ｉｔ Ｙｏｕｒ ｓｅｌｆ）することが好きという人が購入を決めた。

大崎さんがデメリットだと思っていた道の狭さや建物の古さなどが、その人には気にならないどころか、むしろそこを気に入ってくれたこと、何より、使い方をあれこれ楽しそうに考えてくれていることがうれしかったという。大崎さんにとって、空き家売却は単に売れてホッとしただけではなかった。

神奈川県横須賀市の一軒家を売った谷口実さん（仮名）は、売りに出す前は買い手が付くかどうかという不安があった半面、買ってくれる人に申し訳ないような相手を心配する気持ちも抱いていた**【事例06】**。谷口さんが売りに出した一戸建ては10年以上前に競売で取得したもので、しばらく賃貸として貸し出した後、入居者の退去を機に売ることにした物件だ。

横須賀市は、神奈川県内では人口減少率が高く、なおかつ狭い路地や階段でしかたどり着けない土地と坂の多い街で、そのことも影響して空き家問題が深刻になりつつある地域。賃貸で新たに貸し出すにしても、リフォームなどが必要な状況だったが、谷口さんはほ

事例

06 街の夜景がきれいな貸し出していた家

場所	神奈川県横須賀市
土地	267㎡
建物	木造2階建て65㎡
購入者	40代男性
理由	投資用物件も検討したい

2018年まで賃貸していた。少し手直しすればまた賃貸に出せるだろう、建物の状態は良いと、複数の不動産会社が言っていた物件。この家からは朝日、夕日、夜景を見ることができる。冬になると椿がとてもきれいに咲く。

かで忙しくなっていて、時間も労力もかけることが難しかった。さらにこの物件はいわゆる「再建築不可」でもあったので、谷口さんは安めの数百万円の値付けをした。首都圏でこの値段で土地付きの戸建てが買えるのは珍しいだろう。それもあって、問い合わせは1カ月半ほどで60件を超えた。最終的には県内に住む人が、投資用として購入を決めた。現在はリフォームをしているところだ。

谷口さんは、スムーズに手放すことができ、安堵した。特に、想像以上の引き合いがあったことに手応えを感じている。「ネットでの商談なら、多くの買い手と連絡を取ることができるため、これならば忙しくなっても売買に困らないと思った」と言う。これは、今回の買い手が将来自分のように忙しくなってしまったとしても、あるいは気が変わって売りたくなってしまっても、同様に困らずに済むことを予想しての発言だ。

私も投資物件の売買の仕事をいくらかやってきたが、たいていはドライに取引が進む。しかし、谷口さんのように、売った後の買い手の将来のことも多少は気になる。投資の世界でいう「出口戦略」で、最終的にその物件が売りたくても売れないようになってしまったら、その投資は失敗だ。買ってくれた相手が失敗に終わるとしたら、それを売った自分に罪悪感が残ると思う人もいるだろう。投資物件も、こういう観点から売買の仕方は変わっていくかもしれない。

親戚、地域に迷惑をかけない相手に売りたい

売るなら、家族や先祖はもちろん、ご近所や地域にも喜んでもらえる相手にという気持ちもよく聞く。

川口智雄さん（仮名）は兵庫県淡路島の内陸部の小さな集落にある空き家を売りに出し

事例

07 よろず屋だった親が住んでいた家

場所	兵庫県南あわじ市
土地	602㎡
建物	木造2階建て107㎡
購入者	70代男性
理由	淡路島に拠点が欲しかった

持ち主の祖母が亡くなって25年間空き家だった。建物は絶望的に傷んでいたが、持ち主は、淡路島への移住を考えている人に有効に使ってほしい、この家に移住の希望を見いだす人に出会いたいと考えていた。

ていた【事例07】。祖母が亡くなってから25年間ずっと空き家で、相続した父に代わって川口さんが売却に動いていた。

昔はよろず屋を営んでいた家で、ガラス障子を開けると広い土間がある、昔ながらの商店の造りだった。かつてこの辺りは「筒井銀座」と呼ばれるほどににぎわっており、建物のすぐ目の前に「劇場前」のバス停があるのはその名残だ。今ではその面影はほとんどない。

それでも淡路島は観光地としては人気があり、大都市からの交通の便もいい。自転車ツーリストの人気コースにも近い場所だ。淡路島に移住を考えている人に有効に使ってほしいと望みを託した。ただ、立地はいいとしても建物の傷みは絶望的なほどに激しく、外壁の一部が崩れかけていた。川口さんは解体することも視野に入れていた。そういうこともあり、地元の不動産会社に依頼はしていたものの、問い合わせは一件もなかったのだ。自治体が主導している空き家バンクに至っては、いろいろと条件を付けられて扱ってすらもらえなかった。

それが、家いちばに載せてみたところ、2週間で6件の問い合わせがあり、すぐに見に来てくれた人と商談がまとまった。買い手は、もともと淡路島で寝泊まりできる拠点を探していて、多少難があっても安い物件を手に入れたいと考えていたため、双方にとって良い結果になった。もちろん、買い手は建物を残すという考えだ。

川口さんは、感謝してもしきれないくらいにうれしかったと話してくれた。他人に譲ることにはなったものの、父の生まれ育った思い出の生家である。自分たちでは更地にするくらいしか選択肢がなかったところを、そのまま残してもらえることがありがたかったのだ。家が残り続けることが父の残りの人生にも価値があると思えた。川口さん自身、今回の売買をきっかけに改めて血縁を強く意識するようになったという。川口さんは何か義務を果たした気持ちだったのだ。

使い道のない空き家を解体して更地にしてしまうことは、よくある選択肢だ。しかし、

事例

08 父が亡くなり使わなくなった倉庫

場所	京都府八幡市
土地	27㎡
建物	木造平屋
購入者	40代男性
理由	倉庫を探していた

持ち主の父親が倉庫として使っていた小さな家屋。父が亡くなってからは無用のものになってしまった。台風でトタンが飛び、近所に迷惑をかけたこともある。持ち主は解体も考えたが、使ってもらえることを望んでいた。

それには多少なりとも費用がかかる上に、まだ使えるのにもったいないという気持ちは皆、どこかにある。

日暮ゆかりさん（仮名）は、京都府の自宅近くのかつて車庫として使っていた古い小さな倉庫を父が亡くなった際に相続した【事例08】。しかしながら、特に使用する必要もなくずっと放置していた。そのうち、台風で屋根のトタンが飛んでご近所に迷惑をかけてしまった。いっそのこと壊してしまおうかとも考えた。そうこうしているうちに、どんな家でも売れるという家いちばの存在を知り、ここでなら売れるかもといちるの望みを託して情報を載せてみたところ、すぐに京都府内を中心に問い合わせが何件かあり、1カ月で買い手が決まった。

解体する選択肢もあったが、やはり父が残してくれたものが有効に利用してもらえることに喜びを感じた。買い手は誠実な人で、きちんと手入れをして使ってくれるという。日暮さんは、これでご近所にも安心してもらえると思った。

工場の町、北九州市の高台、戸畑祇園大山笠の花火も見える見晴らしのいい場所にある一軒家を売却した大西千秋さん（仮名）も決め手は近隣への配慮だった**【事例09】**。

両親が住まなくなって数年前から空き家となっていた家の中には両親が過ごしていた当時そのままの品が片付けられずに残されており、見晴らしがいい代わりに階段の勾配がきついなどの問題もあった。大西さん自身が今後住む予定もなく、価格は「経費程度で構いません」と売り出した。

ちなみに家いちばでは北九州市は人気エリアだ。この物件にも1カ月で80件を超える問い合わせが殺到し、すぐ内覧会開催が決まった。内覧会には東京、横浜市、埼玉県や愛知県からなど30組近くが来場した。大西さんは数万円でも引き取ってくれる人がいればいいという気持ちだったが、希望額の最高は300万円を超えた。

事例

09 打ち上げ花火が見える高台の眺めのいい家

場所	北九州市戸畑区
土地	305㎡
建物	木造2階建て108㎡ ほか車庫
購入者	30代男性
理由	築古物件をDIYするため

持ち主の両親が住んでいた家で数年前から空き家状態。片付けもできていなかった。少し高台にあり見晴らしはいいが、階段の勾配もきつい。持ち主は、今後この家に住む予定もなく、朽ち果てないうちに売却したかった。

だが、大西さんは最高額を提示した人よりも、ほぼそのままの状態で、ご近所に迷惑をかけずに利用してもらえる、100万円ほどの価格を提示した買い手を選んだ。大西さんもお金のことより、とにかく長く両親が暮らした地域に迷惑をかけたくなかったのだ。

加えて、大西さんは早めに手放すことができたことにも安堵した。将来、自分が認知症をわずらったりして処分ができないままになり、この空き家を子どもたちに相続したとしても、結局困惑の種になることを恐れていたのだ。

これら3つの事例からも分かるとおり、空き家の売却で心の底からよかったと思えるようにするためには親や子どもにとどまらず、ご先祖あるいはご近所、地域までも含めて喜んでもらえるような相手に受け継いでもらえることが大事なのである。

売ることに躊躇している人の中にはそうした人に巡り合えるかどうかを懸念している人もいるかもしれないが、私が知る事例はここに挙げた3事例だけではない、多くの人たちが周囲にも喜ばれる売却を果たしていることをお伝えしたい。

2 安く、遊べる不動産が手に入る

顔が見えるから買いたくなる

家いちばの売れ筋は100万円前後から300万円くらいまでの「現金で買える」範囲の価格帯の物件である。中にはタダ同然のものもある。都心で生活している人にとっては、土地付きの一軒家が中古車を買うような値段で買えることに驚く人も多いだろう。見方によっては賃貸の初期費用並みで持ち家が買えてしまう。

だから、売れているという声がある。全国の主に田舎の過疎地の、しかも古くボロボロになりかけている、一般的な不動産市場で見たら需要があるのかどうかも分からない空き家を中心に扱っているが、それらに驚くくらい問い合わせが殺到している現実がある。確かに、通常よりも安い値段で売りに出ているということもあるだろう。

ただし、よく見ていると、人気の理由は安さだけではなさそうだ。物件を探す人にとってみれば、安いだけでは、むしろ心配になってしまうものだ。「何か欠陥があるのではないだろうか」「事故物件ではないだろうか」と。しかも、ボロボロの建物の写真と面積や築年数くらいしか書かれていない簡単な概要だけでは、疑心暗鬼になってしまうだけだ。

ところが家いちばのサイトには、売主自身が書いた思いの詰まった文章が載っていて、それがとても好評なのだ。「買うつもりはなくても読んでるだけで面白い」と言われるくらいで、この文章が買い手の背中を押している。売り手の物語が買い手を動かしているのである。

私はこれを「生産者が見える有機野菜効果」と呼んでいる。よくスーパーに、曲がったキュウリなどが農家の顔写真付きで「私が作りました」と売られているのを見たことがあるだろう。たとえ泥が付いたままの野菜でも、相手が見えればむしろ高い値段でも買ってしまうくらいなのだ。これと同じことが空き家の売買で起こっていると考えれば分かりやすいと思う。日本人特有の感覚なのかもしれない。

これを実感したのは、現在、関西に住む橋本洋一さん（仮名）の売買だった。

ご本人の意向で具体的な場所そのほかは書けないが、橋本さんは若い頃、関西から離れた土地の借家に住んでおり、当時は持病があって毎月数万円程度の家賃を払い続けるだけでも大変だったそうだ。ところが、たまたま知っている人の好意で、昭和40年代に建てられたという6畳2間ほどの小さな風呂なしの木造平屋を破格値で譲り受けることができた。この住宅のおかげで橋本さんは経済的に立ち直ることができたとのこと。若い頃の自分を救ってくれたと、この家には深い感謝の思いがあったのだ。

ただ、今ではこの家からは離れた場所に住み、この家の利用予定もないことから身辺整理のつもりで売却することにした。そして売却に当たっては、この家を当時の自分のように経済的に恵まれない人たちの役に立つようにと考えた。そこで、その思いを家の紹介文につづり、家いちばに掲載した。古い住宅であり、公道に面していないことから再建築不可である。日当たりもよくはなく、トイレはくみ取り式だ。若い日に台所で体を洗った思い出なども記した。建物の写真も正直にあるがままの姿を掲載した。「こんな写真しかなくて申し訳ない」とも素直な気持ちを書いた。価格は、諸費用などが持ち出しにならない額とした。

後日、この赤裸々な橋本さんの人柄のにじみ出る文章を読んで共感した買い手から続々問い合わせが来た。1カ月で30件に上った。買い手からの問い合わせメッセージにも、売主の「ストーリー」に共感して、自分に譲ってほしいと感じたことが表現されていた。「家庭の事情で仕事を辞めて家を出ることになった」「コロナ騒ぎで先が見えなくなって家賃もどうしたらいいか考えている」「少ない年金でも健康維持のため老後の楽しみとして始めた登山の拠点としたい」「母の介護のために帰省する際に泊まる場所として使わせていただきたい」など、あたかも橋本さんのかつての思い出が、買いたいと思う人自身の現状と響き合うような内容だった。

中には、空き家再生事業を立ち上げて、生活困窮者向けに住宅を提供している人もいた。橋本さんの思いを引き継ぎたいという買い手からの提案だった。橋本さんの人柄が伝わるような文章がなければ、このような展開にはならなかっただろう。

通常、不動産の価格は、土地と建物の客観的な評価額があり、基礎的な鑑定評価の算定基準が定められていて、それを参考に決定されるものだが、そこには売主の人生がどうだったとか、そういう要素は一切加味されない。

しかし、私の目の前で現実に起こっていることは、その理論をひっくり返すものだ。さらに言えば、そのロジカルな価格はあまり意味をなさないものとなっている。それでも、家いちばという流通市場（マーケット）で実際にこのような取引が日々行われているのだ。従来のミクロ経済学の理論が通用しない。これを何と説明すればよいだろうか。

妄想を実現、自分の好きに使える

面白いことに、売り手のストーリーに刺激されるような形で、買い手も不動産に自分のストーリーを重ね合わせ、妄想が広がるという現象も出てくる。そのためか、買い手が考える買った後の使い道もさまざまだ。

通常、家を買うことは、引っ越しを伴う「住み替え」あるいは「移住」と等しい。ところが家いちばの売買実績を見ると、移住というよりもどちらかというと別荘やセカンドハウス、あるいは「遊びの拠点づくり」と言っていいくらいの比較的軽いノリが多いのも事実だ。価格が安いからというのもあるだろうが、実は人生の一大決心というほどの気負いを買主からあまり感じないことが多い。

むしろ、「何に使うかまだ決まっていない」「買ってから考える」という人も少なくない。たいていの売主が苦労して、悩みに悩んで売りに出して、やっと売れて涙ながらにほっとしている様子に比べるとやや対照的でもある。

もっと言えば、買い手側には楽しみが増えて、わくわくする気持ちを隠しきれないくらいに喜びが表情にあふれてくるのを見ていて感じる。買主の気持ちは未来を向いている。

東京に遠くない山奥にある週末だけの別荘、家族の夏の遊び場にする海が目の前の日本家屋、琵琶湖を見下ろす高台の静かな一軒家をアトリエとして使う、静岡の空き家を買って趣味のプラモデルの製作保管の拠点として楽しむなどさまざまだ。

廃墟寸前の神戸市郊外の一軒家を買った東京の人は、買ったときは何にするかを決めていなかった。「しばらくは月に何回か行って、自分でＤＩＹで少しずつ修理しながら、気が向いたら人に貸すかもしれないし、民泊でも始めるかもしれない」というような漠然とした活用イメージだったが、そういうことを考えるプロセスそのものが楽しそうな様子だった。この買い手は、半年後に仕事が忙しくなってしまいＤＩＹも進まず、家いちばで再度、その物件を売った。しかも買ったときよりもやや高値で。それもありなのである。
業界内では、空き家の売買をリノベーション（比較的大がかりな改修や用途変更）とセットで考える向きがあり、私も同業者からよく「空き家の買い手がどういう利活用をしているのか？」と尋ねられるが、私が「まだ決まっていないことが多い」と答えると肩透かしを食らったような顔をされる。空き家を買ってもらうのであれば、それを何か上手に活用しないといけないかのようなリアクションだが、その考え方がすでに現実とちょっとズレているかもしれない。人によっては不動産をおもちゃのように使うこと、あるいはすぐに転売してしまうようなことをけしからんと思う風潮も多少ある。果たしてそうだろうか。もっと自由に、好きなように使ってもよいのではなかろうか。発想の転換が必要だと感じる。

茨城県の霞ヶ浦の湖畔の田園風景が広がるのどかな県道沿いのガソリンスタンドを買った広田典久さん（仮名）は東京都内に住む会社員で、ここを趣味のバイクの整備拠点にした**【事例10】**。広田さんは、引き渡しになるかならないかというタイミングで、手持ちのバ

事例

10 廃業で放置されたガソリンスタンド

場所	茨城県稲敷市
土地	322㎡
建物	ガソリンスタンド78㎡
購入者	40代男性
理由	趣味の車やバイクの修理をするため

廃業して10年以上たつガソリンスタンド。老朽化も激しかった。土壌汚染が懸念されるため、通常の不動産流通に乗りにくい。土壌汚染を考慮に入れた解体をするとなるとかなりのコストになり、簡単には更地にもできない物件。

イクを何十台も搬入した。探し求めていた、待ちに待った格好の物件だったからだ。

この光景に一番驚いたのは売主だった。昭和43年に建てられたガソリンスタンドだ。しかも、10年以上前に廃業していて、老朽化も著しかった。悩ましかったのは地下タンクの処分で、土壌汚染が懸念されるため、通常の不動産流通にも乗りにくい。解体事業者に依頼したところ数百万はかかると言われていた。なおかつ買い手も太陽光発電事業者くらいしか思い付かず、お手上げ状態だった。それをそのまま、このような趣味のスペースとして使う人がいるとは思いもよらなかったのだ。

私自身、不動産活用コンサルの仕事をして

きたが、このような活用方法は死んでも思い付かない。もう、プロの活用提案なんかいらないと思った。活用方法は無限にあるのだ。人の数だけあると言っていい。少なくとも「こうやって使うに違いない」という先入観をまず捨てる必要がある。その先入観が不動産の流通を阻害し、多くの人が幸せになれるかもしれない芽を摘んでしまっている。

空き家で気楽に多拠点ライフ

買い手は、「誰かいい人であれば安くても譲りたい」と考える売主との縁があり、気持ちも通じ合って、めでたく買い手として選ばれることで、家いちばではリーズナブルな買い物が実現できる。

ただし、当たり前だが、安い物件にはそれなりの難がある。メインの住居として住もうとするならば、数百万円くらいのリフォームは必要かもしれない。だが、たまに寝泊まりに来る程度であれば、そこまでのクオリティーはなくても構わない。給湯器が古くて壊れていてお湯が出ないといった状況は、長年空き家となっていたならよくあるが、「お湯が出なくても、風呂は近くの温泉で十分」という考えもある。むしろ、たまにしか使わない家にガス代の基本料金がもったいない。家庭用の小さい浴槽よりも大きな温泉のほうがずっと気持ちがいい。雨漏りしている部屋があっても、すぐに修理する必要はない。しばらくはその部屋だけ使わなければいいだけだ。田舎の家だから部屋数がたくさんある。そのうちの1つや2つが物置代わりになっても、何ら問題がない。

実はこれらはいずれも、実際に買主から言われたことだ。住宅開発の仕事を長年やっていた私からすると、目からウロコだった。そんな発想の転換をすれば、数十万で買える空き家は全国にたくさんある。やや高価な電気製品を買うような感覚だ。それで簡単に多拠点ライフが始められるのである。

仕事や普段の生活は都心でやればいい。その主な生活拠点とする都心のマンションを当初想定より1坪でも小さいものを選べば、200万円くらいのお金が浮く。そのお金で、地方の空き家が3つ、4つ買えてしまう。

大きな家に1カ所だけ住むのと、それを少しだけ小さくして複数の拠点を行き来するライフスタイルと、どちらが自分の理想なのか一度考えてみてほしい。よく「都会か田舎か」という二者択一を迫る言い方があるが、「都会も田舎も」両方のいいとこ取りをする選択もあるのだ。そして実は、すでにそれを実践している人がたくさんいるのである。

事例

11 美しい海岸と町並み 能登の伝統的古民家

場所	石川県志賀町
土地	697㎡
建物	木造2階建て293㎡ ほかに倉庫、物置2棟
購入者	30代男性
理由	建物の維持管理のため

築75年ほどの能登の古民家、持ち主の祖父母が住んできた家。長年空き家となっているが、その両親が最低限の手入れはしてきた。解体を予定しているが、誰かが引き継いでもらえるのならありがたいと売り出された。移築も可。

東京で夫婦と娘二人で暮らす佐藤正樹さんは、能登半島の、金沢と輪島の中間地点に位置する小さな漁村の集落にある築80年近い古民家を買った【事例11】。佐藤さんは、山形県の日本海側の町、酒田と鶴岡で暮らしたことがあり、趣味は釣りとバイク。能登半島にもツーリングで訪れたことがあり、そのときは日本海に沈む夕日に懐かしさを覚えたという。

家いちばでこの物件を見つけたとき、売主は「住むつもりがないため解体を予定しています」と書いていた。それを見た佐藤さんは「壊してしまったらもう元に戻せない。同等の家を建てようと思っても1億円、2億円積んでも、もう二度と再現できない」と建物を残す必要を感じたのだ。

佐藤さんが買った空き家のある、古くも立派な海辺の集落。彼は、自分の行動が、この集落全体を残すことにもつながれば、と考えている

佐藤さんは、少し前に築50年の日本家屋を自分でDIYしながら住んでいたという経験もあり、新しいものよりも古いものに価値を見いだす人物なのだろう。昔の大工の職人技に心を打たれることも多かったそうだ。この物件は30年近く空き家だったおかげで新建材を使った改修が施された箇所も少なく、昔ながらの丁寧な大工仕事が随所に残っている。引き戸や欄間などの建具には輪島塗が施されている。そして敷地のすぐ隣が海。佐藤さんは、できれば、同様の古い建物が立ち並ぶこの集落まるごとを残したいと強く思ったという。

立地は日本海の外海に面している。冬

の気候は厳しいが、カニなどの絶品の海産物が解禁となる。彼は、夏は海そのもの、冬は海産物と通年で都会とは異なる環境を味わえると購入を決めた。以降、月に1度くらいの頻度で通い、少しずつ手を入れてきた。

石川県金沢市までは新幹線があるので比較的行きやすいのだが、その後はクルマで1時間半ほどかかる。レンタカーを借りる手もあるが、毎月のことだ。佐藤さんは早々にクルマを購入、金沢駅前の駐車場に置くことにした。

「もともとは、海の近くの古民家ならどこでもよかったという考えだった。交通費も含めて考えると、千葉や神奈川に買ったほうが安かったかもしれない。それでもここ何十年も手の入っていない町並みの美しさ、建物の見事さをこの先もずっと残していこうと決意して買った。なので、不便さは覚悟の上。大事の前の小事だ」

佐藤さんは3年がかりで残置物の整理や清掃、改修を行い、2020年夏からは民泊として活用も始めたが、現状は支出する一方。それでも能登の建物に手を入れた経験は今後、ほかの建物を改修するときにも役立つはず、良い学びになったと考えている。確かにこの家での自然と一体になったかのような暮らしは都会では味わえない。「2020年、夏の終わりの時期にしばらく滞在していた。リモートで仕事をしながら、昼休みに海に潜って魚を突き、それを囲炉裏で焼いて食べる。生きていると強く実感した」。本人はもちろん、子どもたちにとっても都会の日常にない、得難い体験になったはずである。

3 常識を超えた取引方法に秘密

紆余曲折も幸せへの一歩

空き家の売買を通して多くの人が幸福感に満たされる様子を見てもらったが、それでも紹介したのはその中のほんのわずかな事例にすぎない。家いちばを始めた頃は年に数件だったのが、年々数が増え、これまでに270件（2020年10月現在）の売買実績となり、口コミで知名度も上がり、この輪がどんどん広がっている。しかし、トントン拍子で売れていくものばかりでない。

事例

12 越後の田園にある大正時代の古民家

場所	新潟県柏崎市
土地	592㎡
建物	木造2階建て146㎡ほかに倉庫、納屋
購入者	20代（法人にて購入）
理由	店舗か別荘に使える家を探していた

春、秋に数日だけ利用し冬場の6カ月は未使用だった物件。茅葺きの上からトタン張り2階建て、天井が高く梁幅も広い。柏崎の海まで車で20分余り、有名な柏崎の海で花火大会などが楽しめる立地。

釣り好きの桐山恵一さん（仮名）が友人たちとの釣行の拠点として使ってきた家は大正元年に建てられた築100年以上という堂々とした古民家だ【事例12】。新潟県の海沿いの町から少し内陸に入った里山の自然に囲まれた場所にあった。

実はこの家、家いちばで売り出してから買い手が決まるまでには丸3年かかっている。問い合わせは20件近くあったにもかかわらずだ。確かに設備などに手を入れる必要はあったが、太い梁、柱が魅力的な家だ。桐山さんは、買い手がなかなか決まらなかったのは、逆にその大きさが邪魔をしたかもしれないと話してくれた。「地元の豪農の屋敷で、30㎝角の木材が使われている。部屋数、敷地内の建物も多く、住むには広すぎる。解体して木材だけ使うにはもったいない」。

この物件を購入したのは若い経営者だった。最初の問い合わせに、首都圏に住む桐山さんは下見には立ち会えないと答えたところ、外観だけでも見に行くと連絡があり、その2日後にメールが入った。「見に行ってしっかりした建物にびっくりした。次回は大工を連れて行くので内部を見せてもらいたい」と言う。そこまで本気ならと、桐山さんは立ち会い、契約まで一気に進んだ。時間は多少かかりはしたが、建物の価値をきちんと見定められる人とようやく出会えたのだ。

途中で破談になる例もある。井川直樹さん（仮名）の両親宅は、温暖な気候と自然が美しい伊勢志摩の海岸線近くのなだらかな坂の高台にある閑静な住宅地にあった【事例13】。両親は定年後にここに家を建てて移り住んでいたのだが、両親が介護施設に入るようになってからは井川さんが別荘として時々利用する程度だった。

ただ、井川さんは大阪住まい。伊勢までは遠く、年月とともに建物の傷みも出てきており、素人では修理が難しくなってきていた。そのため売ることを決めた。家いちばに物件情報を掲載するとすぐに十数件の問い合わせがあり、福井県から見に来てくれた人と商談

事例

13 温暖な気候と美しい自然の別荘

場所	三重県志摩市
土地	182㎡
建物	木造2階建て75㎡
購入者	50代男性
理由	志摩にあこがれていた

持ち主の両親が移り住んで新築し、定年後ライフを送った家。両親が介護施設に入居した後は時々、親族が別荘として利用したり、掃除をしに訪れたりした。持ち主は大阪住まいだが、距離を感じるようになり、手放すことにした。

がまとまった。

しかしその後、実際の売買契約までの間に、下水道などの維持費の現実的な数字と、宅地開発時の管理組合と連絡が取れなくなってしまっている過去の経緯などが詳しく分かってきて、買い手はそれらのことを懸念し、土壇場で購入キャンセルとなった。売り出して3カ月後のことで、また振り出しに戻ってしまった。

せっかくまとまりかけた縁談が途中で破談となると、売主の精神的ダメージは決して小さくない。このとき、家いちばの運営事務局からは、井川さんの負担を下げるため、再募集は公開型の内覧方式で受け付けることを提案した。

それでも、次の買い手が見つかるまでさらに2カ月を要した。今度は前回の反省もあり、多少の問題にも対処できる知識のある建築関係の仕事をしている人に買ってもらうことになり、安心して話を進められた。このように、いつもすべてが順調に進むとは限らないのだが、それゆえにゴールにたどり着いたときの喜びと安堵は一層増すものだ。

2011年3月に起こった東日本大震災の当時、福島県の沿岸部の浪江町に住んでいた松永俊介さん（仮名）は、自宅が福島第一原子力発電所からわずか8キロしか離れていない場所にあったため、避難指示を受け、自宅を放棄して着の身着のまま家族全員で大阪に避難した**【事例14】**。

事故以前は、家族5人で楽しく過ごしていた家は16年前に新築。松永さんの子どもたちはこの家で大きくなった。庭の一角に家庭菜園を作り、ミニトマト、なすび、大根、ブルーベリーなどを育てた。家の前の私道は近所の子どもたちとの遊び場になっていた。福島を離れてからも、その光景は時に懐かしく目に浮かんできたという。

事故から6年後、自宅付近は帰宅困難区域による避難指示が解除された。しかしそれは、松永さんが自分が生きている間に福島に戻ることはないだろうと、避難先の大阪に定住す

事例

14 原発事故で避難 遠く離れた我が家

場所	福島県浪江町
土地	352㎡
建物	木造2階建て110㎡
購入者	50代男性
理由	保護犬・保護猫のための拠点に

東日本大震災による災害およびこれに伴う福島第一原子力発電所事故による災害で、国の指示により全町避難を余儀なくされた立地。持ち主は、家族に負の遺産として引き継がせないためにも、手放す決意をした。

る覚悟で居を構えた後だった。それに、解除後2年たっても住民の帰宅率は低迷したままと聞いていた。とはいえ、戻らないにしても、このままこの自宅を負の遺産にはしたくない、妻や子どもたちにも申し訳ない、思い出の残る家が放置されたまま朽ち果てていくかと思うと耐えられないといった気持ちがあったという。

そこで松永さんは福島の家を売ることを決め、放射線量調査で基準値を下回ってきていることも確認して、地元の空き家バンクにも登録してみた。だが、いくら待っても反応がなかったそうだ。そんなとき、松永さんは区役所を経由して大阪の不動産コンサル協会から家いちばを紹介され、物件情報を掲載。すると数週間で5件ほどの購入希望の問い合わせがあり、そこに書かれたメッセージを読んだ松永さんは、我が家のような状況でも必要とされていることに励まされる思いだったと語ってくれた。

松永さんは我が家の「第二の人生」を託そうと思える人を選んだ。当初はその家のローンもまだ残っていたため1000万円くらいで売りたいと考えていたのだが、購入希望者は、数年前に隣町で復興工事に携わったことのある人で、現地での動物愛護などの活動のため一軒家が欲しいという、その気持ちに共感し、数十万円で売ることにしたのだ。

松永さんは、廃棄物の処理や不動産解体には国の補助制度があるものの、いくら調べても売買時の助成制度が使えないことには腹が立ったというが、これで思い出の家が再生されると思うとうれしかったと話してくれた。松永さんは、もしまた、自分と同じような境遇の人が自宅を売ろうという場合にも、うまくいってほしいと願っている。

このように、取引が長い道のりになるケースもあるのだが、一歩を踏み出せば必ず目的地にはたどり着くことができ、そこには満足と幸福が待っている。

自分で決めるから納得できる

売主自身が売買の条件を精査し、しっかり主体として動いた例として印象的だったケースがある。売主の親族への配慮などから具体的なことは書けないが、土地が宅地に畑、森林も加えて1万㎡近く、建物も母屋に離れ、蔵、車庫などがあり、全部合わせると数百㎡という、何家族も住めそうな豪邸の売買の話である。

意外に思われるかもしれないが、この物件に限らず、桐山さんの事例もそうだが、売却に当たって広すぎることはいつも問題になる。庭木の剪定だけでも2～3日がかりになることもあり、それなりの費用がかかる。山林がある物件の場合には、近所から落ち葉の苦情が来るといった話もしばしば聞くが、この物件も同様の悩みを抱えていた。

数年前、両親からこの不動産を相続していた夫が他界し、岡谷妙さん（仮名）がすべてを引き継いだが、相続以前から家族でマンション住まいをしていたため、家は使われないままだった。岡谷さんの娘さんが2週間に1回は空気の入れ替えをし、娘さんにとっては祖父母に当たる元の家主が残した荷物を少しずつ整理してきたものの、母屋の屋根裏部屋や蔵の中の祖父が生前のまま残していった大量の趣味の道具に至ってはお手上げ状態だったという。

しかし放っておくとネズミやタヌキの巣になってしまいかねない。娘さんにとっては、頭を悩ませる母が不憫だったし、いずれ相続となれば自分に降りかかる問題でもあった。誰かにこの状態のまま引き取って住んでもらいたい。娘さんはそう考え、家いちばに情報を載せてみた。

彼女は空き家を売りに出す際、自分でもこの家についていろいろ調べてみたという。役所に聞いてみると、敷地は市街化調整区域で、建築や用途に関して諸々の制限がかかり、許認可を得なければならないこともあることを知った。敷地内の畑も、農地法の制約があり、簡単には売買できないことについて農業委員会で詳しく聞いた。娘さんは、どれも、買い手にとって大事なことと思い、家いちばの掲載内容をすぐに見直した。家いちばの運営事務局でも、法律の難しい内容などについて彼女に情報を提供している。

娘さんは「自分たちも理解していなかったことを説明していなかったら、売ったら後でトラブルになると思い、それが嫌だからしっかり調べた。そして、そのことを理解して買ってくれる人を選びたかった」と話してくれた。

ところで、岡谷さん親子にとっては、法的な条件をクリアすることよりも、買ってくれる人に対しての明確な条件があった。それは、この敷地と家をちゃんと維持管理できる人という条件だった。彼女たちは維持が大変だということは身をもって痛感していた。費用もそれなりにかかる。それを確実に払える人である必要がある。かつ、それらを永続的にやっていける人でなければならない。すぐ放置されるようだったら元も子もないと考えた。しかし岡谷さん親子は、こうして条件を並べていると、途方もなく感じ、果たして、こんな難しい条件を満たす人がいるものだろうか、と悩んだりもしたという。

問い合わせは1カ月もしないうちに10件を超えた。関西や九州など遠方からの問い合わせも少なくなかった。岡谷さん親子は「日本全国が対象なら、こんな家でも引き取ってくれるような変わった人が現れるかもしれない」。そう思い、じっくり対応していった。

掲載して2カ月たった頃、岡谷さん親子は「内見ツアー」を実施。購入希望者の現地を見たいという声に応えた。近所に迷惑がかかるから、勝手に現地を見に行くことは禁止していた。ツアーは午前と午後に1組ずつに限定した。自分で案内文も作成した。家も土地も広いから、全部見て回るだけでも2時間近くかかった。まさしく「ツアー」だった。ところが、この日に見学した希望者たちは、あまりの物件の大きさと大変さを実感し、腰が引けたようで、申し込みには至らなかった。

すぐに2回目の内見ツアーの企画が始まった。ちょうどこの時期、家いちばは新聞やテレビなどのメディアでの露出が増え、アクセスが急増していた。中でもこの物件は特に話題を集めたものの一つで、相乗効果となって問い合わせも増え、最終的に50人以上の希望者が現れた。2回目は規模を拡大、午前・午後とも6組ずつの参加できるツアーとした。

募集要項も改めて整備、「購入者に求める人物像」をまとめた。「近所の方とうまくお付き合いのできる方」「長期的に山林などを保存、維持管理、活用が可能な方」「建物の大規模な改修をせず、天井の丸太の梁やふすまなど昭和の風情を残しながらお使いくださる方」と明記したのだ。応募フォームも彼女たちで作った。そこには、購入後の利用予定や森林などの維持管理計画まで書くようになっていた。

私は、岡谷さん親子からたびたび相談を受けながら、彼女たちの綿密な働きぶりに感心していた。私の知っている従来の不動産売買とは明らかに異なる見たこともないやり方だった。まるで面接かオーディションでもしている感覚だった。

岡谷さん親子は、希望者からの応募フォームを受領し、書類審査を経て、何組かに絞り込んで個別面談を実施している。希望者には、購入後の計画のプレゼンまでしてもらった。最終選考では甲乙付け難いレベルになったが、満を持してこれだという人を選んだという。

これも具体的には紹介できないのだが、買い手は広い土地を有効に使って活動したいという法人で、住宅はもちろん、森や畑も有効に使う計画を持っていた。法人の永続性についての懸念に対しては、万が一の場合は窓口となった役員が個人として引き継ぐという強い意志も確認できたため、決めたそうだ。

この物件の売却は半年以上の時間がかかったが、理想的な取引だったと思う。通常の不動産売買では、売り主がここまで関与して買い手選びをする慣習はない。不動産業者にお任せがほとんどだ。しかし、「自分で選ぶ」と覚悟を決めてやり通せば、きっと違う結果が得られる。最終的に売買代金が口座に振り込まれ、名義を手放すという点では一般的な不動産売買と何も変わらないのだが、プロセスと取引の意義は明らかに違う。もちろん、苦労もある。岡谷さんたちの場合は、親子で協力し合えたのがよかったのかもしれない。世代の違いで時々意見が異なることもあった。それを二人は乗り越えてきた。

空き家の売買は「人間中心」

幸せとは何か。どうすれば幸せになれるのか。いわゆる幸福論だが、とても深遠なテーマであり、この本のタイトルにもなっているが、本書ではそこを深く議論するつもりはない。ただ、シンプルな問いかけとして「お金は人を幸せにするか？」がある。あるいは「物質的な豊かさが幸福の決め手となるか？」と言い換えてもよい。

お金があれば、たいていのものが手に入る。現在の日本が物質的に豊かであることは異論のないところだろう。家の中にもコンビニの棚にもものがあふれかえっていて、24時間絶えることがない。むしろ食べ物は捨てるくらいにあり、今ではそっちのほうが問題となっているほどだ。

一方で、国連の関連機関がまとめた幸福度ランキングでは、日本は先進国で常に最下位であることもよく知られた事実だ。世界がうらやむほど豊かでありながら、幸せになれない国に私たちは住んでいる。カネやモノでは幸せになれない。多くの日本人にはそういう実感があるのではないだろうか。お金がなさすぎるのも不幸であることは分かっている。世界的にも、貧困国に属する国では、幸福度はおしなべて低い水準となっている。貧しすぎては幸せになれない。最低限の豊かさは必要である。日本にも貧困度の高い家庭はあるが、飢死したというニュースはあまり聞かない。それより自殺の多さのほうが問題になっている。物質的なことよりも精神的なことで追い詰められている人のほうが圧倒的に多いのではないか。

さて空き家についてだが、空き家も、平たく言えば「不動産」であり、土地や建物といった有形物の複合体であり、「モノ」そのものだ。厳密には、土地や建物を有する「権利」のことであり、金銭と交換ができる。不動産同士の物々交換をすることも可能だ。そのため、不動産は「資産」の一種でもあり、その人の富を象徴する一つともいえる。ほかの資産に比べて金額も大きいから、モノ、カネ、物質的豊かさを量る最も分かりやすい指標にもなる。一方で、空き家を言い換えると「低利用な不動産」である。使っていない、あるいは使い道がなくなった不動産だから、その利用価値に応じて、資産価値も下がってくる。それが進行してしまい、多くの空き家が「0円不動産」となっている。モノとしての存在意義がなくなってしまったと言ってもいい。

しかしそのおかげで、空き家はモノ以外の要素が相対的に大きな存在となってくる。それが、本章のキーワードとして度々出てきた「ストーリー」というキーワードだ。「モノより思い出」というテレビCMがあったが、これに近い。空き家を売買しようとすると、家いちばでの事例を見てきたように、売り手や買い手のストーリーが大きな要素となっていて、両者は自然とそこに着目し、関心を寄せ、結果として幸せを得ている。空き家の売買は通常の不動産と比べて空き家の金銭的な価値があまり大きくないから、物理的な欲望はあまり満たせないかもしれない。その代わり、それを超えた何かを得ることができる。むしろ、物質的な豊かさを捨てることで本当の幸せが得られたのではないだろうか。

もっと高く買ってくれる買い手がいるのにそちらには売らない売主。もっと新品で最新設備の駅にも近い物件はほかにたくさんあるはずなのにそれを選ばない買主。それよりも相手の思いに共感して、それを理解し合うプロセスを楽しみ、自分を信じて自己実現をしていくことのほうを選ぶ。通常の不動産売買が「不動産中心」なのに対して、空き家の売買は「人間中心」ともいえる。事例で見てきたような売り手買い手の行動は、幸せになろうと思って計算して取られたものではなく、結果としてそうなったという印象なのではあるが、そこが面白い。

能登半島の小さな町の築86年の空き家を売りに出した持田司さん（仮名）は、千葉から第二の人生の棲家《すみか》を探し求めてはるばるやってきた希望者と会い、持田さんの家と土地環境への熱い思いに打たれて、その人に売ることを決めた**【事例15】**。長年住み慣れた家を手放す寂しさもあったが、これで子どもたちへ負の遺産を残さずに済んだという安堵感もあ

事例

15 スペイン人の画家がアトリエにした家

場所	石川県志賀町
土地	1539㎡
建物	木造平屋92㎡ほかに倉庫、物置2棟
購入者	30代女性
理由	退職し、次の人生の拠点に

持ち主は千葉の住まいと季節によって住み分けしていたが、年齢とともに2重生活が厳しくなり、手放すことにした物件。スペイン人の画家がアトリエとして使っていたこともある。夏の海水浴や、一年を通して釣りを楽しめる立地。

ったという。さらに持田さんは、日本中の自分と同じ境遇の、親から家や土地を引き継いでしまい、その処分に困っている人が数多くいることも見聞きして知っていて、その人たちも自分のように満足いく結果となれたらいいなと思ったようだ。持田さんは日本全国の空き家問題のことまで心配していたのだ。そしてその問題に対して、自分も一歩貢献した思いだったという。

売り手と買い手、両者が直接出会って、相手の思いを確認しながら話を進め、最終的に「この人なら」という相手を決めて売買する。両者の思いがかない、お互い喜び合って取引をする。相手の喜ぶ姿を見て、なおかつ自分も満足できて、さらに社会全体の問題も共有していく。これ以上の大きな達成感と幸せはそうそうないと思う。しかも、この幸福の実現に向けて何か大きな資金や税金や特別な法律などは不要で、誰でもすぐに明日にでも行動に移せる点に着目してほしい。最も現実的な問題の解決、幸せの実現方法が目の前にある。さて、それを実現してきた家いちばの仕組みについて、次章で詳しく説明していくことにしよう。

＼こんなの売っていいの？／

ユニーク物件特集

買ってくれれば
味噌屋はやめます

「土蔵付き味噌工場」**1800万円**

福島県喜多方市 土地 約400坪 建物 土蔵2棟・工場など

国の建築基準に沿った
建物なので頑丈

「父親の建てた郵便局」**50万円**

愛知県東栄町

土地 462㎡ 建物 254㎡

研修施設、保養施設などに
どうですか？

「沖縄の学校」**2億2800万円**

沖縄県南城市

土地 1517坪 建物 72坪と43坪の2棟

「作りかけの建物の土台」 **300万円**

山梨県北杜市

土地 512㎡ 建物 基礎12個(約10㎡)

ご希望とあらば、2頭ずつどうぞ

「羊とヤギもお譲りします」 **250万円**

埼玉県長瀞町

土地 約50坪 建物 木造平屋3DK

修理工場、無料でお譲りします

「父の自動車工場」 **0円**

鳥取県鳥取市 土地 152㎡ 建物 84㎡

「和風旅館」**600万円**

福島県郡山市 土地 3657㎡ 建物 850㎡

「ツタだらけの家」**400万円**

滋賀県米原市

土地 107㎡ 建物 木造2階建て

「木工アートの工房まるごと」**950万円**

茨城県石岡市

土地 約250坪 建物 鉄骨造130㎡

「ビルまるごと」**2180万円**

大阪府阪南市

土地 456㎡ 建物 重量鉄骨237㎡

3階は住宅になっています

0円で引き取って
いただけないでしょうか…

「廃墟寸前の古民家」**0円**

滋賀県彦根市

土地 115㎡ 建物 53㎡

シイタケやソーラーで
自給自足できます

「山中にポツンと建つ家」**220万円**

岡山県美咲町 土地 約1万6000㎡ 建物 6畳の小屋など

第2章

空き家売買で幸福になれる仕組み

1 脱・不動産会社の論理が幸福につながる

取引は人が出会うことからスタート

不動産売買は不動産会社が間に入るのがこれまでの日本の常識だった。だが、空き家が生まれ、それが流通しないという、これまでにない状況が生まれている。これまでと同じやり方で取り組むことは問題の解決につながらないのではないか。そこで家いちばはこれまでと違う発想、やり方で、空き家の流通に取り組んできた。ここでは家いちばの仕組みを順に説明しよう。

最も独特なのは不動産会社が介在しない、自らが売るというやり方だ【図2-1】。家いちばのウェブサイトそれ自体の見た目は不動産物件の写真がずらりと並び、「スーモ」や「ホームズ」といったいわゆる物件情報サイトのようだが、実はそれらとは全く異なる仕組みで運営している。

通常の物件情報サイトであれば、物件ページを見て「買いたい」と思ったら問い合わせ

【図2-1】家いちばのビジネスモデル

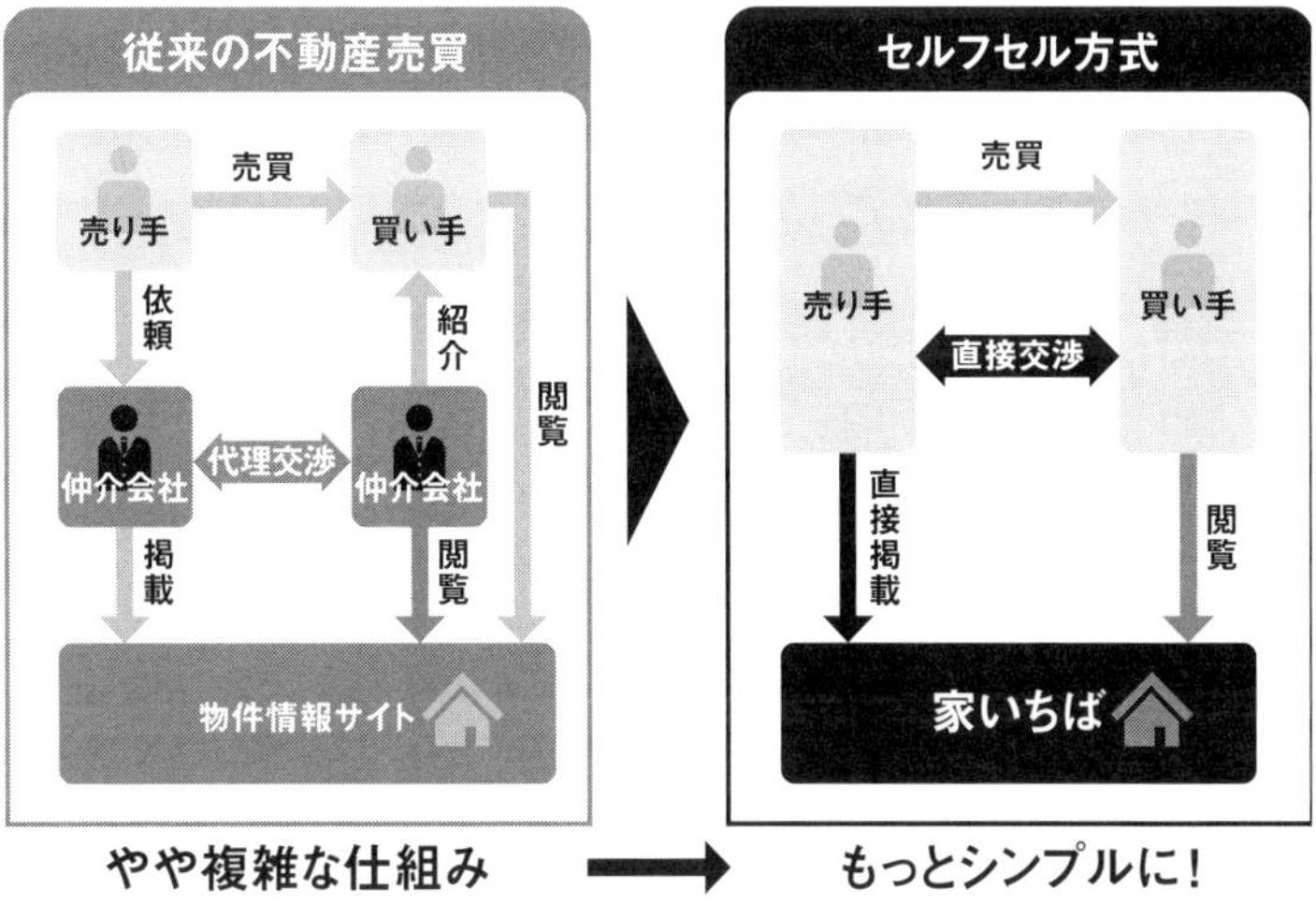

ボタンから資料請求などをする。そして、そのメールはその物件の売主から売却仲介を依頼されている不動産会社のところに届くようになっている。

問い合わせをしてしばらくすると、その不動産会社から売主に連絡が入り、その後は不動産会社が売主との間に入って商談の対応をほぼすべてをやる。

しかし、家いちばでは売主、買主の間に不動産会社は入らないから、問い合わせ内容はそのまま、売主宛に直接届く。そして、その後の質問などのやりとりや実際に現地を見に来る場合の対応などを売主が直接行う仕組みだ。基本的なやりとりはすべてネット上でできる。

この仕組みはこれまでありそうでなく、2015年にスタートしてから珍しさもあってすぐに話題になった。服や家電などを消費者同士で直接売り買いする「メルカリ」のようなフリーマーケット的なサービスはいくつもあったが、不動産では賃貸で多少先行例があるものの、売買ではほとんど見かけなかった。

発想のヒントは、公共の場などで見かける「売ります」「買います」と書かれた掲示板だった。キャッチコピーは「不動産を直接売りたい人のための掲示板サイト」とした。家いちばがこのような仕組みで生まれるに至ったのにはいろいろと経緯があるが、詳細は第3章で読んでいただくとして、念頭にあったのは増え続け、流通しない空き家をどうやったらたくさん流通させるかという点だった。

大きな課題は空き家が値段の付かないほどに価値がなくなってしまっている状況だった。価格が安い物件を取引するビジネスモデルをつくって果たして利益が出せるのだろうか。利益の出ない慈善事業では続けられないし、大きな仕組みとなって社会にインパクトを与えることにもならない。そこで思い付いたのが「セルフサービス方式」だ。

デザインに優れた家具を安価に大量販売する「イケア」は、運搬と組み立てを顧客自身にやってもらうことで安さを実現している。ＤＩＹなどが苦手な人には敬遠されるが、そういう割り切り方はあっていい。すべてのサービスを万人受けのサービスにする必要はないのだ。

そこで家いちばの場合は「掲載と商談はセルフサービス」とした。売り手は自分でサイトに載せる写真や文章を用意しなければならないし、買い手からの質問や内覧の対応も自分でやらないといけない。通常の不動産売買であれば、仲介の不動産会社が全部やってくれる作業だ。

買い手のほうも、相手が間に入る不動産事業者でなく売主本人だから多少勝手が違ってくる。例えば、結婚の相手を探すときに、間に仲介者がいる場合と異性と直接会話するのとでは、やり方が全然違うはずだ。仲介者がいない場合には言葉がある意味ストレートに伝わってしまうから、ニュアンスなどにも配慮が必要だ。メールのやりとりの時点で相手に嫌われてしまったら、リアルに会うことすらできないのは恋愛も不動産も同じだ。

このセルフサービスによる不動産売買（家いちばではこれを「セルフセル方式」と呼んでいる）のメリットについて、改めて不動産会社の視点で見てみるとしよう。

通常の不動産の仲介業務による報酬（「媒介報酬」という）は売買価格の3％＋6万円

（価格によって細かな計算式がある）と法律で上限が定められている。3000万円のマンションであればこの報酬が100万円くらいになる。

これを「高い」と感じる人も多いだろう。仲介業務には物件の現地調査から始まり、広告の作成や買い手への対応、加えて契約書などの書類のとりまとめなどがある。確実に成約することが分かっている1つの物件だけの業務としてなら、人件費などのコストを考えても、100万円よりも安く抑えることは可能で、不動産会社は利益を出せる。

しかし実際には、取り扱った揚げ句に売れなかったり、売れるまでに何人もの買い手の対応をしなければならなかったり、予測の難しい無駄がある。不動産会社の経営の観点に立てば、これらのロスや人件費などの固定費を賄うには、媒介報酬を一定以上確保しなければ、従業員の給料すら払えなくなる。顧客視点では高いと感じる報酬も、不動産会社からすると妥当なものなのだ。

このズレを解消する仕組みがこのセルフセル方式だ。顧客対応などをセルフサービスとしているから、不動産会社は取引の途中で生ずる予測不能で、無駄なコストを負担しないで済む。そういうこともあって、家いちばでは媒介報酬を「通常の半額」として、このコストダウン分を顧客に還元している。

ただし、「0円不動産」のようにそもそも媒介報酬を算出できないような場合にも経費だけは賄えるようにするために基本料金を加算する設定にしている。こうした仕組みの工夫により、売り手、買い手、仲介者という三者の無駄を省き、利益を高めているので、win－winのサービスになっていると自負している。

しかも、このほかには見ない「セルフセル方式」のサービスが、第1章「売っても買っても幸せになれる理由」の事例で紹介したように、実際に取引が成立しているのみならず、売る側、買う側の幸福にもつながっている。

実際の商談の様子を見ていると、どんな人と取引するのか、つまり、「人」の要素が大きいことが分かる。その意味では、家いちばは「物件サイト」というよりも「人と人とのマッチングサイト」と言ったほうが正しいのかもしれない。経営コンサルタントの大前研一氏は、このサイトを見て「不動産の出会い系」とずばり言い切った。

確かに、家いちばのサービスの細かな部分の設計においては、出会い系とまで言わないまでも、「どのようにすれば商談がスムーズに進むか」「相手が気に入った場合（あるいは気に入らなかった場合）にはどういうアクションが必要か」など、通常の物件サイトではあまり考えることのないサービス業務に力を注いでいる。

家いちばのサイトに初めて触れた人は、その画面の機能性の低さに多少もどかしく感じられるかもしれない。検索機能らしいものはほとんどなく、価格や築年数などで絞り込んで表示させることもできない（2020年10月現在）。

これは別に手を抜いているわけではない。初めから条件をあまり絞り込んでしまうと、せっかくの出会いのチャンスを逃してしまう。むしろ、回り道してでも偶然の出会いを楽しんでほしいという考えに基づいている。実際の買い手の行動パターンを分析してみても、そのことが裏付けられている。家いちばを利用している買い手の半数以上が一人で何件、何回も探しているリピーターだし、おまけにその人が過去に問い合わせをしてきた物件を並べてみると、エリアも金額も物件の種類も全くバラバラなことが少なくない。

家いちばを始めた頃から、そういう買い手はチラホラ目についており、最初はこういう人たちはあまり本気で探していない単なる冷やかしだろうくらいに思っていたのだが、やっているうちにそうではないことに気付いた。こういう偶然の、人との出会いを楽しんで行動している人たちがたくさんいるのだ。

どんな物件でも自由に売れる

手間を省く目的で導入したセルフサービスだったが、別のメリットもあった。通常の不動産売買であれば、売り手はまず不動産会社に相談するが、そこで「フィルター」がかかってしまう恐れがあったのだが、不動産会社が介在しないため、それがなくなり、どんな物件でも売れるようになったのだ。

不動産会社もプロだから、物件を見ればそれが売れるか売れないか、経験則で見極めるノウハウがある。不動産会社には、不便な過疎地で、設備も不十分な、はっきり言って「ボロ家」に誰が好き好んで住もうというのか、たいていの空き家は売れるイメージが湧かない。多くの不動産会社はそういう顧客を見たことがないのだ。そして多くの空き家は「売れない」と言われてしまう。

それに、空き家となっているくらいだから、売り手も価格はいくらでもよかったり、別に売ることを急いでなかったりするのだが、これが不動産会社の思惑とは微妙にすれ違う。不動産会社としては早く高く売って手数料を稼ぎたい。その反対では、正直やる気も出ない。

そもそも売れるかどうか分からないような物件だと、扱っても手間だけがかかり、損をする。手数料があまり稼げない上に、古い空き家などは未登記や境界不明など面倒な問題を抱えているケースも多いから、なおさら腰が引けてしまう。

そうした事情もあって、売り手が不動産会社に空き家売却の相談を持ちかけても、断られてしまうことが少なくない。ある意味、仕方がないことなのである。不動産会社も商売でやっているのだ。

家いちばでは、セルフサービスで自分でサイトに直接掲載できるから、売れるとか売れないとか誰からも何も言われることがなく、自由に売り出せる。私は、売主が「こんな物件は売れないのではないか」と悩んでいるだろうことに着目して、「何でも、どんな物件でも売っていいですよ」ということを明確に打ち出した。どんなに古くても、たとえ雨漏りしていても、雑草だらけでも、部屋にはまだ荷物がたくさん残っていても、どんな状態でも掲載して構わないとした。

「価格が決まってなくても大丈夫です」ともした。これもなかなか画期的だった。不動産広告のルールとしては価格を表示することが常識だったからだ。しかし、家いちばは消費者同士が直接やりとりする「掲示板」なので、業者が掲出する「広告」とは異なる扱いとなり、常識を覆した。とはいえ、家いちばでは自主的に不動産広告規制に準じた掲載ルールを独自に採用しており、誇大広告のようなものにはならないようには配慮している。

そうしたところ、せきを切ったように掲載依頼が殺到した。それはそうだ。これまでどこの不動産会社に頼んでも断られることが多かったのに、そんな物件でも大丈夫というのである。家いちばはこれまで困っていた売り手たちの「駆け込み寺」のようになった。「空き家問題の救世主」ともテレビで紹介された。

何でも載せていいとした結果、変わった物件も数多く寄せられた。郵便局、味噌工場、ジャズ喫茶、天体望遠ドーム付きペンション、ヒツジ付き物件、工場、病院、学校などど、一般的な不動産サイトではあまり見かけないような売り物件がずらりと並んだ。こんな物件を一般個人が買える、自分のものとして自由に使えるとは誰も思っていなかったという物件もあり、物珍しさもあって買い手も殺到した。

それ以外の普通の空き家にも反響は十分にあった。家いちばのサイトを見てもらえば分かると思うが、正直言って「ボロ物件」ばかりが並んでいる。それでも平均して1物件当たり10件以上の問い合わせが来ていて、物件によっては100件を超えるくらい。慢性的に「売り物不足」と言ってもいい状況なのだ。これには私も驚いている。「売れない」と言われる物件を集めたら、売れるようになったのだ。私はこれを「アウトレットモール効果」と呼んでいる。アウトレットモールは、多少難のあるものや型落ち商品を集めて安さを売りにして集客をしている。それと似ている。売れない空き家にも実はニーズがあったのだ。

広告ではなく、本人の言葉だから響く

家いちばを始めたとき、素人の売主が書いた文章を見て、果たしてそれで買いたいと思う人がいるのだろうか、という心配があった。いくら空き家が安いとはいえ、それでも数十万円、数百万円。高価な買い物であることには変わりない。

しかし、それは杞憂《きゆう》だった。まず、思いのほか売主が文章をたっぷり書いてくれた。あまりに長すぎて多少割愛をしなければならないこともあったくらいだ。

売主には「売ることになった理由」や「これまでの経緯」を詳しく書いてもらうことを促した。家いちばを始めた頃から、ただ物件情報を載せるだけでなく、売主の「ストーリー」があったほうが面白いだろうという狙いはあった。私も、サンプルを載せてイメージしやすいようにした【図2-2】。

一方で、物件そのものの説明はむしろ少なくてもいいだろうと考えた。面積や間取りや

【図2-2】投稿サンプル

前に親が住んでいた実家ですが、ずっと空き家で、たまに見に行くくらいなので、雑草もすごいです。ついに、お隣さんからなんとかしてくれと言われるくらいになってしまいました。こんな家でも買ってくれる人がいれば、お売りしたいです。中は和室が2つと台所があります。外の見た感じよりも中はきれいです。少し、家具とか残っていますが、これはこちらで処分いたします。お風呂は昔にしては、広いほうだったと思います。よろしくお願いします。

場所：神奈川県小田原市
土地：詳しくわかりませんが、庭は広いです。車も停められます。
建物：20坪くらいです。
構造規模：木造平屋
現況：空き家
希望価格：近くの一軒家が500万で売りに出されていました。このまま買っていただけるなら、相場よりも安くて構いません。
その他気になるところ：地震で壁にひびが入った場所があります。

設備など、そういった情報を載せだしたら切りがないし、それを義務にしたら売主の負担が大きくなってしまう。空き家が流通しないから空き家問題になっているわけだから、売主のハードルをとことん下げてあげなければならない。

それらが功を奏したようで、売主は「よくぞ聞いてくれた」と言わんばかりに、思いのたけを文章にして投稿してくれた。

中には赤裸々な内容になっている紹介文も結構多い。親が亡くなって空き家になった経緯、自分が子どもの頃にそこで遊んだ思い出、離婚の話、転勤の話などなど。

これらの文章は、不動産とは直接関係がないかもしれないが、読むほうからすると興味深いところがある。

池の水を抜いて見せるだけのテレビ番組があるが、あれは、普段目にしているどこにでもあるような近所の池でも、空っぽにしてみたらあっと思うような魚や亀などが大量に出てきたりする驚きがある。空き家についても同じようなことがいえるのかもしれない。誰も住んでなさそうな空き家が近所に必ずといっていいほどあってよく目にするものだが、家いちばの掲載文を読んでいると、その裏側を見ているようなドキドキ感があるのだ。

一方、載せるほうの心理を想像すると、プライベートがさらされる恥ずかしさよりも、知ってほしい、聞いてほしいという気持ちのほうが上回っているからなのだろうか。この現象は、ブログやSNSの時代だからこそともいえる。こうやってインターネット上に自分のプライベートな情報が載ってしまうことに、自分でコントロールできる範囲なら多少は平気なのだ。その意味でもしこれが、SNSがまだ普及していない10年前だったら、今の家いちばのような活況はなかっただろう。

なお、家いちばではインターネット以外での受け付けは今のところ一切やっていないが、かなりご高齢の方でもメールで画像を送るくらいは普通にできている。LINEを使って会話したりもしている。絵文字を使って気持ちを上手に伝えようとする人も珍しくない。

もうとっくにそういう時代になっているのだ。

交渉も、取引の条件も自由に決められる

自由にどんな物件でも載せていい家いちばだが、交渉の過程でも自由の原則を一貫させている。一番頻繁なのは、価格の交渉だ。売主が提示する価格に対して、買い手から値下げの要望が出ることは日常的な光景だ。売値の半額、あるいは10分の1といった指し値をしているケースは、別に珍しくない。実際にそのまま商談がまとまることもある。

間に不動産会社が入る場合、なかなかそうはいかない。不動産会社は売主から依頼され、少しでも高く売ることが仕事だ。そのため大きく指し値をしてくる買い手はたいてい相手にされないが、家いちばではそんな大胆な交渉が自由できる。もちろん、あまりの値引きに売主が気分を害され、そのままで交渉がストップ、終わってしまうこともある。言い方、伝え方などマナーには配慮すべきなのだ。それができない人は、結局自分が損をする仕組みだ。

次に交渉が頻繁になるケースが、建物の登記問題だ。法律では、建物を建てたらすみや

かに登記をしなければならないことになっているが、登記が正しくされていない、つまり未登記であることは、田舎の空き家ではあるあるなのが現実だ。一応、未登記のままでも売買することは可能で、法律違反ではない。売主からよく「未登記でも売ってもいいのか？」と聞かれる。これを裏返すと、未登記では売ってはいけないと思い込んでいる空き家オーナーが潜在的にたくさんいることが容易に想像される。このことを啓蒙するだけでも、空き家の流通はもっと促進されるかもしれない。

しかし、買うほうの立場からすると、未登記建物に一定のリスクがあることも認識が必要だ。そもそも、登記という制度は、土地や建物が自分のものであることを第三者に主張するためのものだ。

だから登記をしていないと、悪意の何者かによっていつの間にか自分の不動産の名義を乗っ取られてしまうリスクがある。もちろん簡単に乗っ取れるものではないが、裁判などトラブルに巻き込まれることは避けられない。

家いちばでは、建物が未登記の場合は、このような登記制度の理解を深めてもらいつつ、売主、買主とでよく話し合いをしてもらうようにしている。未登記のまま売買するか、先に登記をしてから売るのか、あるいは売買後に買主で登記がしやすいように売主で協力することを約束するのか、さらにいずれの場合においても、費用負担を折半にしたり、その分を売買価格で調整したりと、対処方法もいろいろある。

恐らく不動産会社などから、「未登記は売れない」と言われて、それで終わってしまっていることが多いと考えられるが、自由取引にして両者がじっくり話し合いさえできれば解決できない問題はないといっていい。

それにしても自由さが行きすぎて、こっちもびっくりすることがある。秋田県大仙市にある築50年近い空き家2棟と400坪ほどの土地が0円で売りに出されたが、さらに「50万円差し上げます」と書かれてあった。要するにマイナス価格なのだが、もちろんワケありだった。

登記簿を見ると、古い抵当権が残っていて、債権額の欄には「玄米17俵」と記載されていた。普通の住宅ローンなどの場合、借入金額が書かれている欄だ。恐らく抵当権者もすでにご存命でなく、その相続人を探し出すのに苦労するパターンだ。

通常、不動産売買に先立って抵当権を抹消するのがルールだが、それを本気でやろうとした場合に、時間と費用がどれほどかかるのか、見積もりすることすら難しい。こうやって売るに売れない空き家というものはどうしてもあるのだが、この物件の場合は、売主の思い切った条件提示がうまくいき、100件近くの問い合わせがくる超人気物件となった。最終的に買った人は、0円でなく30万円で譲り受け、売主から20万円が迷惑料として支払われた。それでも将来的には、この抵当権者の相続人が現れて、「玄米17俵」の支払いか、あるいは物件の明け渡しと原状回復を請求されてしまうリスクがあるが、買主はそのことも承知の上で購入したのである。

価格交渉でなかなか条件が折り合わず、買い手もどうしても予算がない場合には「しばらく賃貸でいいですよ」となることもよくある。もちろん、それも自由だ。

「分割払いにしたい」というケースも多い。通常、手持ち資金がない人は、銀行などからお金を借りて不動産を買うものだ。借り手の返済が滞った場合のリスクは金融機関が負う。だがもし、個人間で分割払いをするとなると、そのリスクを個人同士で負うことになる。

基本的には支払いをすべて終えてから所有権移転登記を行う流れとなるが、分割払いの期間中は、代金の一部は支払われているが、名義は売主のままだから、買い手にとってはリスクがある。一方、その逆で支払いが終わる前に名義だけ移してしまうパターンもあるが、その場合は売主にリスクがある。それぞれにリスクがあるわけで、家いちばでは、両者がそのリスクを十分に理解することを前提に分割払いの契約をまとめることにも対応している。

それにしても、そんなリスクを負ってまでして、その買い手あるいは売り手とよく取引をしたいと思うものだと、感心させられる。確かに、売買代金そのものがそれほど大きくもなく、そもそも売主はタダで手放してもいいと思っていたくらいだから、仮に支払い途中で逃げられたとしても構わないと思っているのかもしれない。

事故物件の売買も家いちばのようなやり方が向いている。とある四国の田舎町の古民家の物件は比較的人気だったのだが、いわゆる事故物件だった。その古民家の住人は裏山で自殺をしていたのだ。その裏山も売買対象の土地に含まれていた。

ところで私は「事故物件」という呼び方が嫌いだ。人間、いずれ死ぬ。誰でも死ぬ。それなのに家で亡くなったらそれが事故物件とされてしまう。死ぬときは必ず病院のベッドで死なないといけないのか？　そんなことを言っていたら、日本中がいずれ事故物件だらけになる。しかし、そのことを気にする買い手がいるのも事実なので、制度的には、そういう事実があれば「重要事項」として説明をしなければならない。

さて、この物件の売主は、現地を見に来た買い手にはそのことを真っ先に説明し、一緒に裏山に登って、手を合わせることをやった。これで気が晴れて、そのことを気にする人はいなかった。それでこの問題は終わりだ。事故物件を取り上げて、不安をあおったりする風潮にはいささか疑問がある。そのうち、あなたも死ぬのですよ。

2 不動産取引の主役は売る人、買う人

主体的に動くから得るものが大きい

家いちばでの商談はセルフサービスの仕組みだから、何でも自分でやらないといけない。もちろん、家いちばの運営事務局であらゆる質問、相談に答えられる体制をとっているが、そこで重視しているのが「自主自立の精神」だ。「自由取引」と併せて、2番目の家いちばの原則としている。言い換えると「自分でやれることは自分でやろう」という意味である。

例えば売主からのよくある質問に「市街化調整区域でも問題ないのかと買い手から聞か

れたのだが、どう答えればいいのか？」という類のものがある。市街化調整区域とは、都市計画で定める区域の一つで、これに指定されると、新たに建物を建てたりすることが制限される。いわゆる「再建築不可」の一つのパターンだ。

しかし実態はもう少し複雑で、各市町村や都道府県によって昔から存在している集落などでは特例で再建築を認めたり、その場合の条件を細かく規定されたりしている。すなわち、単純に一言では回答することができないものなのだが、売主からそういう質問をされた場合、家いちば側で調べることはさほど難しいことではない。

それでも家いちばで調べることはあえてしない。売主には「役所の都市計画課に電話して聞いてみるといいですよ」とあえて自分で調べてもらうようにしている。それで「調べてくれないのか」と怒られたことはない。それより「ありがとう」と言われ、後から調べた結果を聞いてみると、正しく模範解答だったりする。役所の人も、市民からの問い合わせがあれば、丁寧に教えてくれるものなのだ。

同時に私たちの手間も多少、省かせてもらっているが、それ以上にこうすることのメリットがある。やはり自分で調べることによって、これまで知らなかった法律のことなどを知る機会になるのだ。

本来は、自分の家が都市計画でどのような地域に立地しているのかぐらいは関心を持ってほしいものだが、ほとんどの人は全く知らない。けれど調べてみると、それがいかに大事なことだったかが身をもって理解できる。そのため、売主からは「大事なことを知ることができた。ありがとう」ともう一度感謝される。

自分で問い合わせをしてみて、すでに「自分事」となっているから、買い手への説明の仕方も変わってくるし、制度の仕組みが分かれば、その物件が売りづらい意味も理解できる。そこに買い手から値引きの交渉があったとしたら、すんなり応じることもでき、商談がスムーズに進むことにつながる。「知る」ことはとても大事だ。

これが、一般的な不動産売買の場合は、不動産会社に全部お任せだから、楽だが、せっかくの学ぶ機会を逃してしまうことになる。それは、もったいないことである。

ただし一方で、何もかも自分でやろうとすることもあまりお勧めしていない。やはり不動産にはいろいろ難しい問題が潜んでいるもので、それをすべて素人で解決しようとすると、落とし穴に陥る。プロに聞くべきことは遠慮なく聞いてほしい。セルフサービスというDIYとプロに聞くという行為とを上手に使い分けられるようになれば、立派な「セルフセラー（セルフで売る人）」といえよう。

事例

16 競売で取得した投資用1棟アパート

場所	千葉県松戸市
土地	132㎡
建物	鉄骨造3階建て200㎡
購入者	30代夫婦
理由	音楽教室もできる家を探していた

投資で運用していた店舗付き共同住宅を、自分で住みながらも賃貸収入を得られる賃貸併用住宅として売りに出した物件。持ち主は、購入希望者に、適切なローンが組めるようにアドバイスもした。

やり方次第で互いに得する結果にも

一般的な不動産売買では売主と買主が協力し合うことはないが、家いちばではそんなことも起きる。しかも、それによって売主、買主ともに満足できる結果になった例がある。

千葉県松戸市郊外のベッドタウン近くにある3階建て鉄骨造の店舗付き共同住宅を平田英人さん（仮名）が競売で購入したのは6年前だった【事例16】。

平田さんは、不動産投資をすでに何棟か経験をしていて、競売物件も手がけてきた。この松戸の物件も、賃貸として数年間運用してきて、売却するタイミングを見計らっていたところ、ちょうど立て続けに賃貸の入居者が退去。1階の店舗を除いてほとんど空室となってしまった。投資物件として売るには利回りが低くなってしまい、やや苦しい状況だったが、平田さんは発想を変えた。

これを誰かに自宅兼用物件として買ってもらえば、いわゆる「賃貸併用住宅」にできると考えたのだ。平田さんは、賃貸併用住宅とは自分で住みながらも賃料収入も得られるものだが、平田さんはこれなら一挙両得でもありニーズがありそうと踏んだ。周辺は郊外のロードサイドで便利な店舗がたくさんあり、なおかつ自然も残った住環境のいい場所だった。

しかし、その売り方に悩んでいた。投資物件ならば、それ専用のサイトがいくつかある。しかしそういったサイトでの売れ筋は、利回り重視の純粋な投資物件ばかりで、平田さんが考えているような特殊な需要を狙った売り出し方が難しく、実際に「楽待」や「健美家」などに載せてはみたものの、問い合わせは数件で、内見したいというところまでなかなかたどり着かなかった。

そこで、知人から教えてもらった家いちばにダメ元で載せてみたところ、10件近くの反響があって驚いたという。格安の空き家物件ばかりのイメージが強かった家いちばで数千万円の一棟投資マンションが売れるとは正直思っていなかったからだ。

もちろん、平田さんも工夫をした。投資を何度もやっている平田さんにとってすれば、買い手の気持ちは手に取るように分かる。物件を買えるかどうかは、融資次第となることが多い。銀行からお金が借りられるかどうかがカギとなる。であれば、それを先回りして、どういう銀行に、どういう審査をお願いすれば融資が通りやすいか、平田さんの経験を踏まえて、購入希望者に丁寧にアドバイスをしていったのだ。

これがとても好評で、最終的に同じ千葉県の市川市に住む夫婦が転居先として購入し、ローンも組むことができた。ちょうど、住宅ローンで投資物件を購入する不正が社会問題となったばかりの頃で、金融機関の審査がやや厳しいと感じた面もあったが、平田さんも買い手に何かと協力を惜しまず、代替の銀行をアドバイスするなど、そういう献身があったからうまくいったといえる。

平田さんは結果として投資の利益を出すことができたし、買い手も返済負担を抑えながら新居を持つことができて、いい取引となった。通常の投資物件の売買で、売主自らが買い手に融資のアドバイスをすることは全くあり得ないが、家いちばではそれが起こり得るし、それが双方にお得な結果をもたらした。

もちろん、誰も平田さんのようにうまくいくとは限らない。それでも、人任せにせず、自分でできることができれば、ひょっとすれば自分の努力が報われるかもしれない。それは、自分の利益や喜びとなって返ってくるものだ。さらにそのことが楽しめれば理想的である。

人生を豊かにする不動産の知識が身に付く

家いちばではそうやって、自分で調べたり、お互いに教え合ったり、あるいは家いちばに聞いたりすることで、知らないうちに不動産のことを学んでいく。一度、家いちばで売買を経験すると、これまで知らなかったことを学ぶことになる。家いちばが「学びの場」となっている。

そもそも、ほとんどの人が不動産のことをあまり知らない。言うまでもなく、世の中は不動産だらけである。街を見渡せば建物ばかり。それらはすべて不動産である。道路や河川など限られた場所以外の土地もすべて不動産といっていい。それに、どんな人でも住む家を持つか借りるかをしているはずだ。家計簿を見ても、収入の多くが家賃か家のローンで消えていく。

ひとたび住まいを選べば、そこが生活の中心となる。場所が変われば出会いも変わる。家族が減ったり増えたりすれば、住まいも替えていかなければならない。不動産選びが人生を決めるといってもいい。それなのに、その詳しいところをほとんどの人が何も知らないに等しい。こんなに大事なことなのに、学校では何も教えてくれない。因数分解の公式と不動産とではどっちが人生で大事だろうか。驚くことに、大学でも教えるところがなく、「不動産学部」がある大学が日本に一つしかないし、教えられる先生もいない。理系なのか文系なのかすら定まっていない。

そういうこともあって、家いちばでは、契約時の重要事項説明の際に、買主に登記簿の見方からまずじっくり説明するようにしている。そうすると買主から「初めて見る」と言われるし、「大事なことが書かれているな」とも言われる。これくらいは小学校で教えてほしいものだ。

そうでなくても、せっかくの家を売り買いする場面なのだから、この機会に学んでしまえばいい。確かに、不動産を売買する経験は、人生でそう多くない。一生に一度だけという人も多い。次に経験する機会もないから、学ぶモチベーションがない。1回きりの一発勝負になっている。

幸い、家いちばの物件の多くが中古自動車を買うくらいの金額で売られているから、これをセカンドハウスのつもりで買ってみて、そのときに不動産のことも一緒に学んでしまえば、次にさらに大きな買い物をするときにきっと役立つだろう。その意味では家いちばで不動産売買の練習をしてみることをお勧めする。いきなり高額な不動産を買って、たくさんの借金を背負って、それで失敗をすると人生を大きく狂わせてしまうことになる。

だから私自身、実は不動産が嫌いだ。人生を楽しくもするが、悲しくもする。不動産に人生を振り回されたくない。人生は自由でいたい。それには、不動産のことをよく知らなければならない。

学びの姿勢の中心にあるのが、「主体性」である。言い換えると「自分事」である。自分のものであれば自分事なのは当然だが、なぜかそうなっていない人をよく見かける。国や業者がやってくれるものだという甘い認識はないだろうか？　家いちばのセルフサービス精神で、その認識から根本的に変えていきたいと考えている。それによって、皆さんが幸福を手に入れることができるようになるからだ。

3 公平なルールで安全な取引

審判役がやりとりを見守る安心感

セルフサービス方式の商談は、普通、一般人同士の出会いとなるから、トラブルが起こらないようによく配慮しておく必要がある。そこで家いちばでは、安心して自由にやりとりができるよう、独自のシステムを構築している。

まず売り手と買い手は、専用のメッセージ送信画面（ダイレクトメッセージ機能）を使ってネット上でやりとりをするのが基本だ。これを使えば、自分の個人情報を相手に教えずに商談が進められる。なおかつ、それぞれの個人情報は家いちば側で把握、管理している。正しく住所などを登録していない人は商談が始められないようになっているのだ。電話番号などを交換して別の手段で直接やりとりするのも構わないが、いきなり面識のない相手に大事な個人情報を伝えるのはリスクがあるので、ほとんどの人はダイレクトメッセージを活用している。

事務局としても、履歴が残るためトラブルがあった際に対応がしやすいので、できるだけこれを使うことを推奨している。言った言わないのトラブルはこれにより避けられる。こういうメッセージ機能は、時間や場所を選ばずに使えるので、その点の気軽さも好評だ。また物件ページでは、物件の具体的な場所が特定できないようにも配慮している。サイトだけ見て、勝手に現地を見に行って近所迷惑になるなどのトラブルを避けるためだ。買い手から物件の住所を教えてほしいと事務局に問い合わせが来ることもあるが、家いちば側で相手の個人情報を無断で教えることは一切しない。「ダイレクトメッセージで相手にご自身でお尋ねください」と返答している。相手が住所などを教えてくれるかどうかはその人次第だ。

監視体制もある。威圧的発言や営業行為などは禁止というルールを定めており、それらを違反した場合は、すみやかに退場してもらう措置を取っている。利用者のすべてがお客様とは限らない。家いちばのスタッフは、相談員であり、監視員でもある。「市場」の安全を見守る管理人といえる。怪しいやりとりがないか、ほぼすべてのメッセージに目を通す。運営コストは余計にかかるが、ここは妥協できない部分だと考えている。「誰かが見てくれている安心感」が商談を活発にしているからだ。

スポーツや格闘技でも、審判がいるから思う存分試合ができる。そうでなければただのケンカになってしまう。これと同じことが、売主と買主との直接商談の場面でもいえる。家いちばが審判のような役割も果たしつつ、安心感を提供しているのである。

誰にも同じチャンスがある

ここまでに挙げた、自由さと自主自立のほかに、「公平公正」と「安心安全」を加えて、これら4カ条を「家いちば4原則」として定め、サービス姿勢の基本にしている。家いちばのようなマッチングプラットフォームには明確なルール、原則が不可欠である。ここではこの中の「公平公正」について少し説明しよう。

まず、公平性についてだが、分かりやすく言うと、すべての利用者に平等な機会が得られるようにすることだ。

多くの物件で、一つの物件に対して複数の購入希望者（買い手）が現れる。これらの複数の買い手ができるだけ平等に商談に参加して、交渉を進められるようにしている。不動産という商品は一つしかなく、売れてしまったら同じものはもう手に入らない。だから、

■家いちば4原則

1. 自由取引
2. 自主自立の精神
3. 公平公正
4. 安心安全のためのルール

タイミングの要素も大きいが、あまり「早い者勝ち」で決まってしまうような状況にならないように配慮しているのである。

もちろん、誰に売るかを決めるのは売主であって、売主が「早く買ってくれる人に売りたい」と考えるなら、それで構わないが、そこまで急いで売りたい売主は実はほとんどいない。むしろじっくり相手を見定めようとすることが圧倒的に多い。早く手を挙げた人だけが有利になるのではなく、より良い取引をしてもらうのが大事なので、できるだけ、誰でも不利なく買う機会が得られるようにしている。

反対に「抜け駆け」行為も禁じている。例えば「ほかにどれくらいの買い手がいるのか」や「ほかの人はいくらくらいで買おうとしているか」などの質問があった場合でも、家いちば側で答えることはしない。それをその人にだけ教えてしまうとフェアでないからだ。どうしても知りたければ、売主に直接聞けばよい。

一方、売主側でその買い手の心理を利用して、ほかにたくさんの希望者がいることを積極的に相手に伝えることで、競争心をあおっているケースもある。そういう行為は商談の「駆け引き」としては当然ありだが、そこに明らかな嘘があれば、注意をしている。

続いて「公正さ」についてだが、この考え方の基本には法令の順守がある。不動産取引においては、宅地建物取引業法（宅建業法）という基本的な法が整備されており、そこにはさまざまなルールが定められている。

だが、この法律は「宅建業者」を規制する法律であるが故に、家いちばを利用する売り手と買い手には直接この法律の規制は作用しない。しかし、法律には「精神」があり、目的があり、それをよくくみ取ることが大事だ。家いちばでは独自に法の精神を解釈して、運営ルールとして定めている。これが家いちばで大事にしている公正さの原点である。

「法令順守」と言ったときに、「法律の条文に書かれてあることだけ守ればいい」と安易に考える人がいるが、それは間違っている。法律の条文が時代の変化に追い付いていないこともある。ましてや家いちばのような新しいサービスについては、法が想定していないものだ。しかし法律が追い付くのを待ってもいられないため、独自の規則を設けて運営している。

それが宅建業法の核となる制度、「重要事項説明」の適用である。これは簡単に言ってしまえば、あらかじめ買い手にきちんと事実を、売り手にとって不利なことなども含めて正確に伝えることを義務付けるというもの。これにより、買った後に買い手が後悔しないようにしようというのである。家いちばでは素人同士のセルフサービスによる商談のやりとりではあるが、こういう観点で双方にアドバイスをしている。不動産事業者が介在しなくても、売主には一定の説明責任がある。知っていることを隠さずに相手に伝えましょうとルール化している。

ただ驚くことは、実はこちらから言わなくても、ほとんどの売主は自ら進んで良いことも悪いことも事細かに買い手に説明しているのだ。私のようなプロから見ても、売主がとても丁寧で的を射た説明をしているので、いつも感心している。得てして手慣れたプロの業者のほうがむしろ必要最低限の説明で済ませようとすることもしばしばあるくらいだから、よほど素人の売主の説明のほうが親切だと感じる。このことは、家いちばをやってみて初めて分かったことだ。家いちばを始める前は、売主が正しい説明をしないことでトラブルが続出するのではないかと心配していたのだが、そんなことは全くなかった。

売り手、買い手は対等

家いちばが大切にしている「公平性」について、もう一つ説明しておきたい。売り手と買い手の「対等性」についてである。

世の中には「お金を払うほうが偉い」という風潮がまだまだ残っているようだ。メーカーが作った商品を買う「消費者」がこの例だが、昨今、「モンスタークレーマー」と呼ばれる人たちが現れて、販売店やメーカーなどに過度な要求をしている。この人たちの頭の中には「お金を払っているのだから何を言ってもいい」という考えが見え隠れする。果たしてその考えは正しいのだろうか。企業同士でも同じことがいえる。お金を出す「発注者」が下請けいじめをしていると批判はされるが、その風潮はなかなか変わらない。

さて、不動産売買についていえば、「金を払う買い手のほうが偉い」ということは全くあり得ない。不動産の売買契約はあくまでも対等な契約だ。売主は物件を引き渡す義務があり、買主は代金を支払う義務があり、それを同時に行う契約だ。これを双務契約という。

だが、商談のやりとりを見ていると、たまにそれを勘違いしたような買い手を見かけることがある。「金を払うから物件をもらってやるよ」的な態度の物言いだ。見ていて恥ずかしくなる。当然、そういう買い手は誰にも相手にされないから、一向に返事がもらえず、事務局にクレームを言ってくることもある。その時は丁寧に場違いなやりとりになっていることをお伝えしている。本人も言われてやっと気付くようなことが何度かあった。その人たちの人格に問題があったとまでは思わないが、ちょっとした勘違いだろう。

昭和を代表する演歌歌手・三波春夫が言ったとされる「お客様は神様です」という言葉が曲解され、いつの間にか金を払う人＝客は神で絶対的と思う風潮が生まれたようだが、本人がホームページなどで明確に否定しているとおり、客であれば何をしてもよいということはない。そろそろこの言葉の呪縛から解き放たれてもいいだろう。私は「お客様」という言葉自体が好きではないから、普段からあまり使っていない。相手が勘違いするといけないからだ。

ところで、ここまで本書をお読みの方は、そろそろお気付きと思うが、家いちばで上手に売買をするのにはちょっとしたコツが必要だ。少なくとも、アマゾンなどでネットショッピングをする感覚でやろうとするとすれ違う。

繰り返しになるが、不動産とは商品が一つしかない。買い手はそれを何とか譲ってもらわないといけないのだ。しかも相手は人間で、感情もある。さらに、自分に売ってくれるのかどうかは、その人あるいはその人の家族たちが話し合って決めるものだ。欲しいと言う人に売りませんという決断はいくらでもあり得る。

店舗に買い物に行って欲しい商品をレジで差し出したところで「あなたには売りません」と言われたら、当然怒るだろうが、家いちばでは怒ってはいけない。自分の何がいけなかったのか、よく反省して、次の商談につなげていこう。

残念なことに、買い手側からはほかの買い手がどういうふうに交渉をしているかを見ることはできない。しかし少し考えて想像してみれば分かることだが、複数の買い手から問い合わせを受けている売主は、さまざまな買い手とやりとりしている。丁寧な人、ぶっきらぼうな人、文章がやたら長い人、絵文字を多用する人、しつこく値切ってくる人、自分の条件ばかりを一方的に突き付けてくる人などなど。売主側の気持ちを想像してみれば、どういう人に売りたくなるかは分かるだろう。

一見、商談がうまそうな人もいるが、何となく業者にでも言うような高圧的な雰囲気だったりすることもある。恐らく普段の仕事をそういうスタイルでしているのかなと想像してしまうが、家いちばでの商談はもう少しフレンドリーなほうがうまくいく。もちろん、やたらなれなれしすぎても売主に引かれてしまうことがある。質問事項を箇条書きでたくさん並べられて、それを見ただけで引いてしまう売主いれば、むしろそれを相手が真剣に検討している証拠と見て真摯に対応をする売主もいる。そこが、直接商談の難しさでもあり、面白さでもある。

そう意味では、最初からあまり深入りせず、相手の性格を見極めながら、少しずつ深い話を切り出していくのが一つのやり方だ。これはやはり恋愛に似ている気もするが、恋愛が苦手な人も、頑張って挑戦してほしい。

4 契約には宅建士が関与、安全を担保

最後の責任はプロが持つ

自由なセルフサービス（直接商談）が家いちば最大の特徴だが、自由なだけでは足りなく、やはり安全に利用できなければならない。そこで、家いちばでは、不動産取引最大の山場には国家資格の宅地建物取引士（宅建士）を介在させることで安心な不動産売買を実現している。

家いちばで不動産を売買するプロセスは、大きく2つの段階に分かれている。前半は商談フェーズ、後半は契約フェーズだ。商談フェーズは、ウェブサイトの掲示板に物件を載せてから購入希望者との商談が始まり、最終的に売り手と買い手との間で売買についての合意、つまり商談成立するまで。ここまでは売り手、買い手がセルフサービスで行う。そして、商談が成立してから売買契約、物件の引き渡しをするまでの契約フェーズでは宅建士が中心となって契約書類の取りまとめを行っている。ここは、通常の不動産売買と大きく変わらず、法令に則した形で進めていく。登記の事務も指定の司法書士で執り行い、安全な取引となることを最優先としている。

すなわち、家いちばは完全なセルフサービスではなく、後半のフルサービスと組み合わせたハイブリッド型なのだ【図2-3】。素人同士で商談をしても、最終的にはプロが問題なくまとめてくれるという安心感があり、そのことも商談を活発にしている要因となってい

【図2-3】家いちばでの不動産取引の流れ

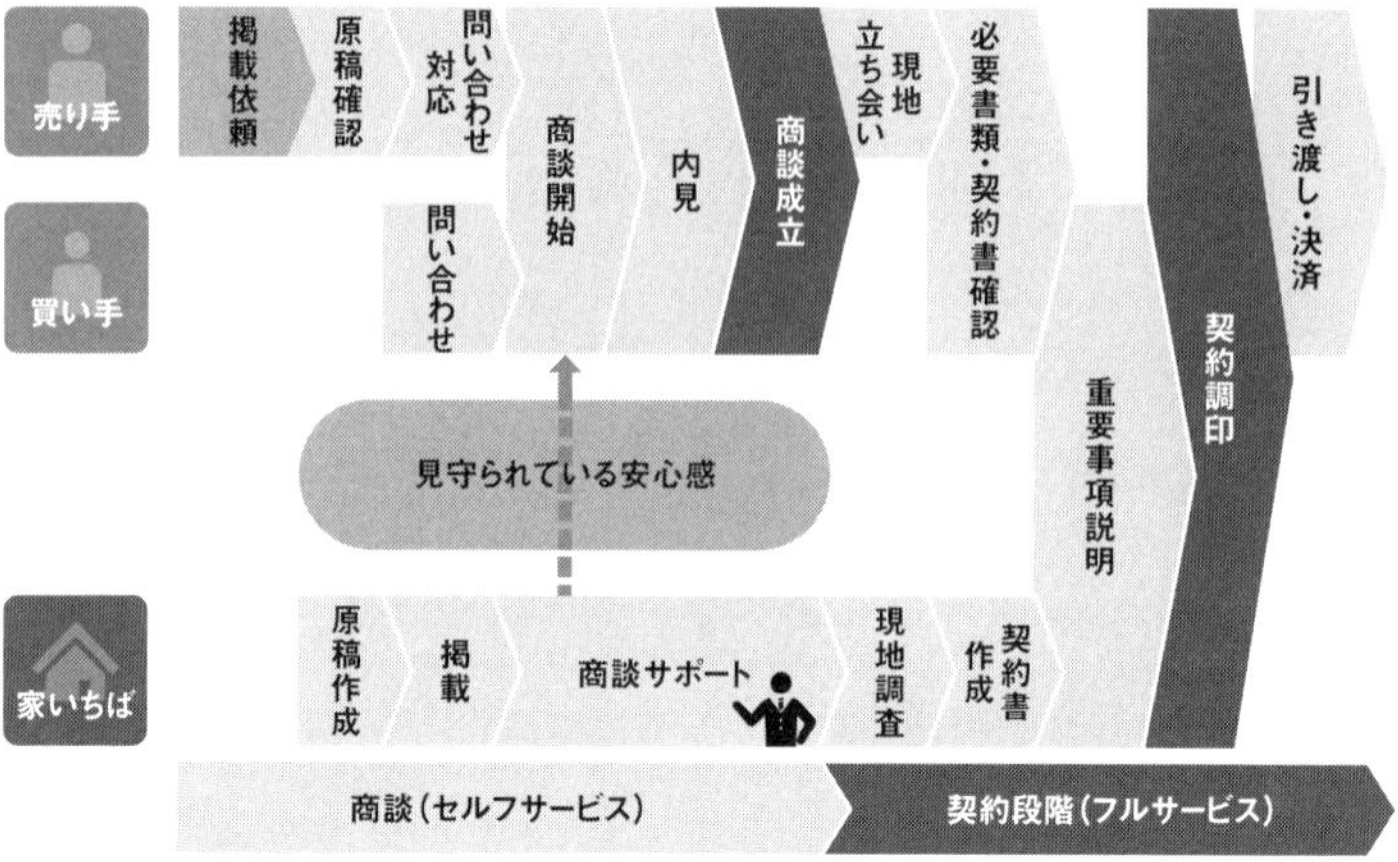

る。売主も買主も、多くが不動産売買は初めてだから、初めのうちは不安でいっぱいだ。どうやって相手との商談を進めていいか分からないという人もいるくらいだが、それくらい慎重に考えるくらいでちょうどいいし、最後の最後はプロがまとめる。

不動産売買ならではの難しさについて少し述べておくとすると、まず不動産売買を安易にやろうとすれば、かなりの確率でトラブルは避けられないと考えるのが賢明だ。完全にセルフサービスとして素人同士だけで不動産を売買するのは危険すぎるのだ。

なぜ、不動産の売買は難しいのか？　それは、不動産売買が単なる物件（土地と建物＝もの）を売り買いするだけのことではなく、本質的には「権利」の売買だからである。物件は目に見えるが、権利は目に見えない。不動産売買を言い換えると「所有権移転」である。

だからまず、所有権の対象となるもの＝売買の対象物を明確にしなければならない。なおかつ、その所有者＝名義人が物件に対して有している権利の種類と確実性を確認しなければならない。その判断材料として登記簿が最も有力な情報源ではあるが、残念ながら登記をきちんとしていない所有者も多く、登記簿の内容と実態とがずれていることが結構ある。まずそのことを見抜く能力が要求されるが、この時点で素人ではかなり難易度が高い。

さらに、対象物件に売主本人以外の権利が入り交じっているケースもある。「私道」の問題がこの典型例で、通路や水道管を他人＝第三者と共有していたりすることは少なくない。このような、売主、買主以外の第三者の権利が絡んでいると、将来的なトラブルの種になりやすい。

また、所有者には権利以外にも義務や責任が付きまとう。例えば、固定資産税を支払ったり、都市計画法などの法令を守ったりしなければならない義務がある。所有者責任とは、「素人だから」「法律を知らないから」などと言い逃れができない重い責任だ。

例えば塀が倒壊して、通行人がけがをした場合などに所有者に問われるもので、塀の所有者である管理者が損害賠償の責任を負うことになる（そういうときのために賠償責任保証を網羅した火災保険加入をお勧めする）。不動産の権利とは強力さもあるが、その半面として権利義務を負うという弱さと表裏一体なのである。

そして、これらの要素が明確なものもあれば、不明確なものもあり、それらが「不確実性」となって、リスクとなる。たいていの不動産には多かれ少なかれ、何らかのリスクがあるものと考えるべきなのだ。基本的には長期に及んで保有するのが不動産であり、自然災害など将来のことは誰も分からないため、それがリスクとなる。通常の考えでは、価格とリスクが関係してくるので、それらのリスクを把握した上で、いくらの値段で買うのか判断しなければならない。そのリスクを把握するのにはプロの力が欠かせない。

このように、家いちばは、セルフサービスによる自由さと、プロのサポートによる安心感を絶妙に組み合わせている「いいとこどり」のサービスともいえる。

「どんな状態でもそのまま」のメリット

ところで家いちばの取引を、通常の不動産売買の流れと比較してみても、大きな違いがあることが分かる。

通常の売買は、売却依頼を受けた不動産会社によって「物件を整える」という作業からスタートする。すなわち物件を売れる状態、売りやすい状態にするのである。普通、不動産はそのままで売れる状態にないことが多い。少なくとも室内にまだ家財道具などが残っていたりするし、リフォームや修繕が必要な場合もある。さらには登記簿に古い情報が残ったままであったり、土地の境界が不確かなことも多い。

通常、このままの状態では「売りにくい」とされ、それらを解消し売りやすい状態にして、少しでも高くすみやかに売ることが売却を依頼された不動産会社に期待される仕事でもある。

そうやってある程度物件を整えてから、広告などに物件を載せて売り出しを開始する。そうすると、それまでに手間と費用が少なからずかかっているものだから、それを上回る価格で売ることが必須条件となる。

一軒家で丸々残った物品＝残置物を一式廃品回収処分しようとすると、20万〜30万円、あるいは規模によっては100万円近くかかることもある。土地家屋調査士に依頼して測量のやり直しをすれば、それも数十万円はかかる。水回りのリフォームや漏水屋根の修繕なども数十万円から100万円コースは避けられない。合わせると軽く100万円、200万円という出費になる。

これが数千万の物件を売るための準備であれば元が取れそうなものだが、あいにく田舎の古い空き家をそんな金額で買うというニーズは、今はない。いいところ、数百万円が相場なのが現実だ。そうすると、この手順で進めてしまうと、費用が持ち出しになってしまうか、価格が相場と合わず売れ残ってしまう可能性が高くなる。

一方、家いちばの場合は、物件を整えることをせずに、そのままありのままで売り出すことがほとんどだ。荷物はたくさん、修理が必要な箇所があちこちにある。建物が未登記のままも多い。それでも、まず売りに出してみる。その代わり、準備の費用がかかっていないし、売って儲けようとも思っていないから、このままでよければ安くても構わない。むしろ、引き取ってくれるならタダでもいいと言う人もいる。

しかし、思い切って売りに出してみると、意外と買いたいと言ってくれる人の反響があるものだ。これまでご紹介した事例でご説明したとおり、すぐに何十件と問い合わせが来るケースも珍しくない。

そうすると、売主の考え方が変わってくる。売れると分かってきたら、それなら少し手

【図2-4】発想の転換による家いちばの不動産取引

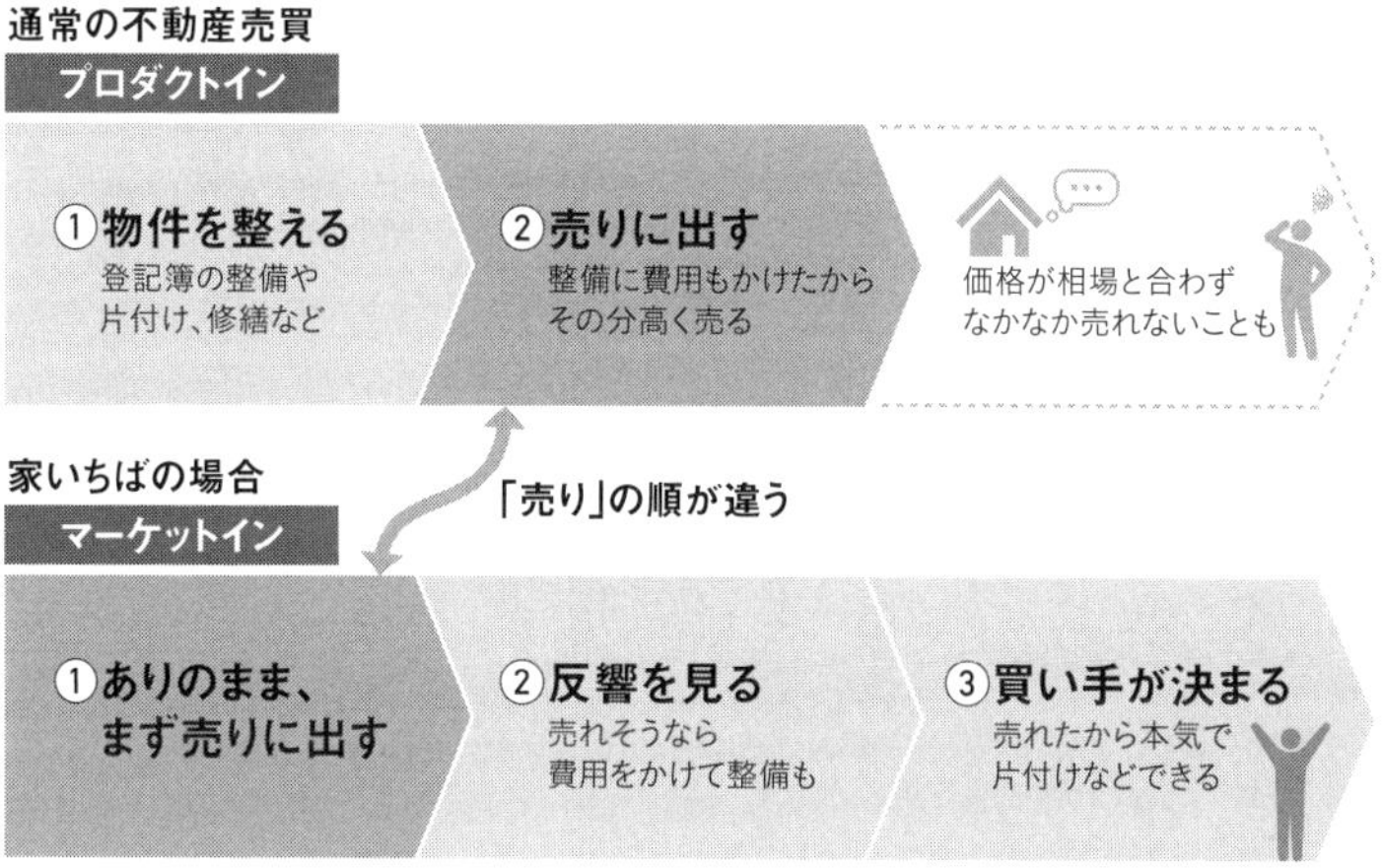
通常の不動産売買
プロダクトイン
①物件を整える
登記簿の整備や
片付け、修繕など
②売りに出す
整備に費用もかけたから
その分高く売る
価格が相場と合わず
なかなか売れないことも
「売り」の順が違う
家いちばの場合
マーケットイン
①ありのまま、
まず売りに出す
②反響を見る
売れそうなら
費用をかけて整備も
③買い手が決まる
売れたから本気で
片付けなどできる

間と費用をかけてもいいと考えるようになる。誰でも、売れるかどうか分からないものに手間と費用をかけようと思わない。売れないと思い込んでいるから、空き家がそのまま長期間放置されている。しかし、そんな空き家でも実はニーズがあったのだ。家いちばのプロセスは、空き家オーナーの背中を押す仕組みとなっているのだ。

つまり「売る」のが後なのか、先なのか。その違いで空き家売買の結果が大きく変わる。この違いを言葉で表現すると「プロダクトイン」と「マーケットイン」と言い表すことができるだろう【図2-4】。

プロダクトインとは、先に製品ありきで、自動車の大量生産時代をイメージすると分かりやすいが、「作れば売れる」時代の発想だ。

しかし、現代がすでにそういう時代ではないことはご存じのとおりで、消費者のニーズを探った上で「欲しい」と思ってもらうような商品を作らなければ商売にならない。すなわちニーズありきの発想で、これをマーケットインという。家いちばの仕組みは、不動産売買におけるマーケットイン方式なのだ。まず先に売り出してみて、市場の反応を見る。それによって商品（売り物件）や価格を見直すことに柔軟に対応しやすい。売り手にとってリスクが低い進め方でもある。

売買を仲介する者の立場から見ても、この方式は無駄がない。媒介業務のうち費用の大部分を占めるのが物件調査業務である。通常の売買であれば、まず真っ先に調査から始めなければならないが、売れるかどうか分からない物件も含まれるから無駄になることも多い。

しかし、家いちばでは、商談が成立してから詳細な物件調査を実施しているため、ほぼ無駄がない。無駄がない分、その業務に集中できる。調査というどちらかというと属人的な業務では、入念にやるのかそうでないのかで結果に大きな差が出る。安心を提供したい家いちばとしては、この調査業務に特に力を入れている。専門の担当者が遠方まで出向いて、泊まり込んで行うこともある。この作業をじっくり腰を据えて取り組むことができるのも、発想の転換の賜物である。

営業マンの仕事はアドバイスすること

家いちばの仕組みは、ある意味、通常の不動産売買の流れに対してその順番をちょっと変えただけなのだが、たったそれだけでさまざまなことが変わってくる。

例えば、通常の売買契約の場面においては売主と買主がそこで初めて対面するというのが一般的だが、家いちばの場合では、売主と買主とですでに打ち解け合っているのが普通だ。すでに長いことメッセージでやりとりを重ねてきているし、現地でも会っている。意気投合して、友達同士のようになっていることもある。

おかげで契約調印も和やかに進むので、間を取り持つ私たちとしても安心できる。逆に大事な取引でハンコを押す直前に「初めまして」と挨拶することのほうが異常な気もする。結婚式の式場で初めて新郎新婦が対面するようなものだ。それでトラブルが起こらないほうが不思議なくらいだ。

売主と買主がこのような雰囲気になるのは偶然ではない。たまたま気が合う者同士だったわけでもない。両者の気が合ったから商談成立をしているのだ。

想像してほしい。嫌だなと感じる相手と取引をしたいと思うだろうか。物件さえよければ、相手の人格などは関係ないと思うだろうか。「信頼できない」と感じる相手と取引できるだろうか。不動産という決して安くない買い物の相手だ。ましてや、ゆくゆくはそこを生活の拠点にしたりする。人生を大きく左右するものだ。そこに信頼できない人間関係が絡んでくるのは、やっぱり避けたいと思うだろう。恐らく「感覚的に」そう考えるのだろうが、現実問題としてその感覚は正しい。

不動産の売買は、売っておしまい、お金を払っておしまい、というわけにはいかないところがある。何かあったときは、誠意をもって話し合いが必要だ。契約書にもそう書いてある。それは切っても切れない縁である。

家いちばの商談では相手を見極めるプロセスが含まれているため、私たちが契約業務で間に入る時点では、お互いに「審査」が終わった状態になっている。通常であれば、顧客審査は不動産会社の役割の一つであるが、家いちばの場合は、その審査すらいらない。お互いに相手の信頼性を見極め合う家いちば方式が、最高の顧客審査機能となっているのだ

【図2-5】家いちばの宅建士の役割

	一般的な不動産仲介	家いちばの場合
売主と買主の顔合わせ	契約調印のときに初めて会う。	内見時で対面済み。 ※契約時にはすでに**打ち解け合っている。**
顧客審査	不動産会社で審査する。	**顧客同士で人となりを見極める。**
クレーム	後から異なった説明をすると、即クレームになる。	後から異なった説明をすると、「教えてくれてありがとう」と言われる。
宅建士の役割	物件を売る **「セールスマン」に近い。**	**専門家として**調査や契約業務に集中できる。 ※業務着手時にすでに商談がまとまっているから**「セールス」は不要。**

【図2-5】。

通常の不動産売買と異なる関係性は、このように売主と買主との間だけでなく、最終的に契約を取りまとめる家いちばの宅建士との間でも見受けられる。実は、家いちばの事業を始める前に心配していたことの一つとして、クレームの問題があった。

素人同士でやりとりした後に、後から家いちばの宅建士が詳しい調査に入るわけだが、そこで新たな問題点、例えば、未登記や再建築不可など、購入意思に直接影響を及ぼしそうな重要な欠点が判明した場合に、「そんな重要なことをもっと早く言ってくれ」とお叱りを受けるのではないかと懸念していた。確かに後から説明の修正が必要な事項がこれまでもいろいろあった。

ところが実際にその説明をすると叱られるどころか、「大事なことを教えてくれてありがとう。うっかり買ってしまうところだった」とむしろ感謝された。これには目からウロコだった。前半の商談のプロセスで主体性が芽生えたおかげなのだろうか。これが通常の不動産仲介であれば、初めからすべてお任せにしているわけだからそうはいかない。やはりここでも「主体性」がキーワードになる。不動産会社に丸投げした売主買主と、主体性が芽生えた売主買主とでは、こうも違うのだ。これも大きな発見だった。

そういうこともあって、家いちばの宅建士の役割も通常とは異なる。一般的な不動産の仲介業務とは、ほとんど物件を売るための「セールスマン」に近い。しかし、家いちばの宅建士は、すでに売れてから業務に取りかかるので、セールスをしなくていい。むしろ、「本当に買うのですか?」と「逆セールス」をすることのほうが多い。

千葉県銚子の海が近い場所の古民家は、60件を超える問い合わせがあった人気物件だったが、商談がまとまった後の調査で、建物登記簿の名義が売主のものでない他人の名義となっていることが判明した。売主も数年前に買ったときにはそのことを詳しく聞かされず、あまり意識せずに使ってきていた。古い時代の登記の記録だった。その他人名義は恐らく故人のものだろうと思われた。

そのためなおさら、この登記の問題の解消は極めて困難なことが予想された。まず、名義人の相続人をすべて探し出さなければならない。その調査自体にかなりの費用がかかる上に、最終的にすべての相続人から同意を取り付けられる可能性も相当低いものと考えざるを得ない。すなわち、これこそ「売れない」物件の典型例といえる。

しかし買い手は、それでも欲しいと言ってきた。一応、他人のものでも売買できる契約書を作ることは可能だ。私たちは、他人名義の物件を買うことのリスクについてできるだけ具体的に説明した。将来的に名義人の相続人を名乗る者が現れて、この建物の返還請求と原状回復請求を突き付けられる可能性がある。その要求を飲めば、場合によっては多額の損失は免れない。あるいは、時効取得を主張して裁判を起こすにしても、弁護士費用など結構馬鹿にならない。

それでも買主は「買う」と言って聞かない。「家いちばには迷惑かけないので」とまで嘆願されたので、そのまま買ってもらった。こんな「逆セールス」を日々行っている不動産会社はほかにいないだろう。

このように、セールスをしなくてよい宅建士は、純粋にそのプロフェッショナル能力を物件の調査や契約書作成業務に発揮できる。言うなれば、プロの役割がより明確となる。家いちばの宅建士は、なおさらその能力が問われるのだ。しかし、これが本来の宅建士業務ではないだろうか。私たちはそれを日々実践している。

5 自由な働き方だから価値を提供できる

スタッフは副業とリモートワークの先輩たち

ここまで説明してきたように、家いちばは一風変わったユニークなサービスを提供しているわけだが、そこで働くスタッフの仕事のスタイルも少し普通と異なる。

5年前、家いちばを立ち上げたときには私独りだったが、その1年後くらいから次第に手が回らなくなってスタッフを増やしていった。それでも、この先事業が伸びるのかどうかもよく分からなかったから、業務委託という形で空いた時間に少しずつ手伝ってもらうようにした。どのスタッフも、ほかにも仕事を持っている副業か、あるいは子育て主婦の空いた時間を使ってもらうなど、柔軟な勤務形態とした。

また、もともと私自身が、紙の書類の整理が苦手で、会社のほとんどの書類をクラウドに保存してあり、ネット環境があればパソコン一つでどこででも仕事ができるワークスタイルを取っていた。徐々にスタッフを増やしていくときも、自分がやっていた方法でそのまま手伝ってもらったので、スタートのときから全員がリモートワークとなっていた。

わざわざ会社に出勤してもらうのにかかる交通費ももったいないと思ったし、私自身、電車通勤が大嫌いだった。時間と体力の無駄としか思えなかった。知らない他人と長時間、体を密着しなければならないストレスが耐えられない。たぶん、皆そう思っているはずだ。その結果、「いつでもどこでも」自由なワークスタイルを確立していった。

社内のシステムも、初めからそれを想定して組み立ててある。日々、スタッフとはチャットなどテキストでのやりとりがメインだ。確かにFace to Faceによる顔を突き合わせてのコミュニケーションに劣る部分もあり、そこは課題ではあるが、その欠点を上回る利点が数多くある。

まず、テキストでの連絡伝達は、明確に履歴が残るので記憶忘れが起こりにくく効率的である。何を言ったかも事細かに詳細が残せる。声で発するメッセージと異なり、曖昧さの余地が減るので、日本人に弱い論理的な思考力も鍛えられる。また、電話や直接会話するのと違って、時間の制約がないため、自分の空いた時間にまとめて返事を書いたりできる。これも仕事効率を高めるのに重要な要素である。そして、私が一番感じるのは、メールなどのテキスト中心のコミュニケーションが一番「平等」であることだ。

家いちばのスタッフには女性が多い。言い方を換えると、女性が活躍しやすい環境となっている。

逆に一般的な企業の女性比率がなかなか上がらないのはなぜだろうか？　それは、対面のコミュニケーションだと、体格や声の大きさなど仕事内容とは別の要因で男性優位になりやすいからと私は考えている。その証拠に、テキスト中心の仕事環境にある家いちばの職場（バーチャルなものであるが）では、女性スタッフの成長のほうが早いとすら感じている。家いちばでは女性のほか、車椅子で生活している人や持病があって一般企業の就職が難しいスタッフなども在籍している。空いている時間で、好きな場所で仕事ができるワークスタイルが適している人たちには都合がいいのだ。

必ずしもフルタイムの終身雇用がすべての人にとって幸せな制度ではないだろう。むしろ、これからのワークスタイルとして、副業のリモートワークが広がっていくことを実感する。そんなときにコロナ禍が起こって、世の中の認識が一変した。

わずか数年の差だが、その点では家いちばは一歩先を進んでいたといえる。ただ、先見があったとかそういう話でなく、先入観を捨てて本当に合理的でストレスがない仕事の仕方を追求したら、こうなったというだけだ。

全員が副業でリモートワークを実践してきたという点は今後、そうした働き方を考えて不動産を買おうという人の立場になれるかもしれない。また、何かしらのアドバイスができるという意味でも役に立つのではなかろうかとは思っている。多様な人材がいることはこれからのニーズの変化に対しても有効だろう。

働く人にも同じ幸福感を

このようにして、私たちは時間にも場所にもしばられない自由な仕事のスタイルを確立してきたが、これは、家いちばを利用している人たちの影響でもある。

家いちばの買い手には、場所にしばられない生き方をしている人が本当に多い。いわゆる「多拠点ライフ」というもので、住む場所や遊びの場所として複数の拠点を持つライフスタイルのことだが、その実践者たちである。家いちばでは一人で2つ、3つ買っていく人が珍しくない。その場所も全国各地にまたがるようにだ。

しかも、いわゆる観光地でも何でもない、普通の田舎が多い。場所も自由だが、生き方そのものも自由だ。雪深い西会津地方にある古民家を買った東野康夫さん（仮名）は、普段は大阪で司会業などしているが、都会の喧騒から離れた静かな場所でのサテライトオフィスを探していた。猫の多頭飼育もしていて、そういう環境にも適していると考えた。当面は猫とご主人だけでリモート生活を体験しつつ、将来的にはご夫婦で移住も考えている。

コロナ禍の2020年4月頃以降、このような考えの方の利用者が一層増えた。コロナ感染症は脅威であり、悲劇でもあったが、その一方で人々の自由な生き方への背中を一気に押した結果となった。

しかし、すでにコロナ以前から実践している人はもうとっくにやっているものだ。このような買い手たちにいつも刺激を受けながら、日々それに続く人たちのサポートをしている。

そうやってすでに行動に移している人たちは、自ら幸せをつかみ取るのが上手だと思う。

そうやって行動をすることで、人生は変えられるものだと感じる。毎日、文句も言わず、通勤電車に揺られることも立派だが、少し視点を変えてみてもいいかもしれない。

幸福論を考えたときに、それが誰かの不幸の下に成り立っている幸せでは、本当の幸福とはならない。家いちばは人々に幸福を提供するサービスであり続けたいと考えているが、そのサービスを提供する私たち自身が幸せでなければ意味がない。幸せとは、なろうと思ってすぐになれるものではないが、その大きな目標を忘れずに、今後も家いちばの仕組みに磨きをかけていくつもりだ。

全国を旅したから分かる、空き家の可能性

たった独りでスタートした家いちばだったから、最初は私独りで全国の物件の現地調査に走り回っていた。もともと旅行が好きで、観光地でも何でもない名も知られていない田舎を見て回ることは全く苦にならなかった。それどころか、楽しくて仕方がなかった。

もともと古い建物にはとても愛着を感じていたが、家いちばの物件は古すぎるくらい古い建物が多く、地域ごとに異なる建築工法や材料、間取りなど興味は尽きなかった。また、

家いちばではおよそ物件とも呼べないようなヘンテコな物件も多く、それを現地調査という仕事としてじっくり見られるのだから、いつも驚きと発見があり、これ以上に面白いことはほかにないとすら言っていい。

現地でお会いする売主との会話も楽しい。思い出話もあるし、困り事もある。それにしっかり応えていけば、感謝もされる。田舎で食べる料理もおいしい。私はどちらかというと、地元の人が日常的に利用している食堂などにあえて入ってみることが多い。そのほうが面白い発見があることもあるし、味も当たりであることが多い。

結果として私自身でこれまで100件近くの物件を回った。北は北海道、南は屋久島まで全国を飛び回った。忙しいときは、いちいち東京に戻る暇もなく、何日も全国各地を転々として物件を見て回ったこともあった。趣味のように全国を旅しながらお金も稼げる。映画『紅の豚』のポルコ・ロッソのようなさすらいの仕事人に憧れていた私は、これが生涯の天職と感じた。

現在は、この「旅する宅建士」業務を東京、大阪地区を中心に採用した10人以上の宅建士メンバーで対応している。私と同じように旅行好きのスタッフも多い。自分が楽しかった仕事だから、スタッフも楽しんでやってくれていると思う。

なかなか売れなくて困っている空き家が全国にまだまだたくさん点在している。だが、自分が回ってみて分かったのは、その土地それぞれに魅力があり、都会だけですべての生活を完結させる人生ではもったいないということ。同じように思って、全国の空き家に目を向ける人もこれからは多数出てくるだろう。

また、全国の空き家が流通するようになれば、プロ意識の高い宅建士がそれらの売買業務に活躍できる機会も同時に増えてくるだろう。家いちばというプラットフォームが、地域の雇用を生む仕かけともなっていってくれたらいいなと考えている。そうやって幸せの輪を広げていきたい。

column

家いちばで働く幸せ

家いちばについていろいろ聞かれるが、その一つにどんな人たちが、どんなふうに働いているのかという質問がある。不動産の取引を難しいものと考えている人や、全国各地を飛び回る仕事に興味を持つ人から聞かれるのだ。ここでは、家いちばでの仕事を、ある社員の体験を通して紹介したい。

「入社を決めたのは家いちばのサイトを見て空き家問題に取り組む姿勢に共感したから。それにリモートワークで働きたかったし、自分の可能性を試したいとも考えて応募しました。マニュアルとサポート体制が整っているから未経験でも何度か経験すれば契約業務の担当は務まると聞いていましたし、初心者でも不安はありませんでした」

入社はほんの3カ月前。2カ月ほどほかのスタッフと一緒に契約実務を経験した後、2カ月目には独り立ちすることになった。しばらくは関東と北陸の案件をいくつか担当していたが、3カ月目に屋久島の売買物件を担当することになった。

「海外旅行好きで、家いちばの仕事では日本中を旅できそうというのも志望した理由の一つ。最初から離島など過疎地の仕事が多いとは聞いていましたが、こんなに早くチャンスが巡ってくるとは思いませんでした。屋久島はちょうど1年半ほど前に遊びに行ったことがあり、今回は仕事だと思うと、気の引き締まる思いがしました。遠隔地ですから、準備も入念にしました」

しかし、彼女の上陸予定日は、あいにく台風と重なってしまい、急きょ出発予定日の前日にフライトを1日前倒しするように指示した。

「その日は東京で別件の契約調印があったのですが、それを早めに切り上げ、すでに九州方面の便の大半が欠航となりつつあった羽田空港から鹿児島行きの便に飛び乗りました。鹿児島空港近くのホテルで前泊し、翌日の朝一の屋久島行きのチェックインカウンターに駆け込んだのですが、すでに近海は暴風圏に入っていて全便欠航。飛行機も船もすべての交通手段が途絶え、屋久島は絶海の孤島になっていました。ここまで来ているのに、行きたくても行けないもどかしさを感じました。すぐに現地で会う予定だった売主さんにお詫びの連絡を入れましたが、さすが島の人は慣れているのでしょうね、大丈夫だよと温かい返事を頂きました」

空港で足止めを食っている最中、同じ屋久島内で新たに別の物件が成約となった。その物件も自動的に彼女の担当となった。偶然に同じエリアの物件の調査が重ねて必要になることは奇跡的でもあった。

「案件が動いているという話は聞いていたので、準備はしていました。ですから、慌てることなく、すぐに売主さんに連絡を取ることができました」

連絡してみると、なんとその物件の買主は、屋久島を訪れ、物件を見て買うと決めたタイミングで、彼女と同じように台風で足止めになっていたのだ。

「その日は丸一日、鹿児島空港のラウンジでデスクワークをしていました。普段からリモートワークですから、自宅でも旅先でも全く変わらず不便はありません。むしろ、空港やホテルのほうが自宅よりも快適と思うことすらあります」

今度はどこに行くのか、わくわくする仕事

台風も過ぎて一夜明け、彼女は無事、屋久島上陸を果たし、2件分の現地調査と役所調査を一気に進めた。

「台風のすぐ後ですし、島の役所の人たちはわざわざこのタイミングで遠くから仕事でやってきたということでとても親切。温かさに感動しました。それに2件分の売主と買主たちの協力なくして今回の出張は成り立ちませんでした。観光で来るのとはまた違う屋久島の顔を見た気がします」

その翌日も天候に恵まれ、彼女は帰りの便までの空いた時間で屋久島トレッキングを楽しんだ。帰京後インスタグラムにアップするつもりで写真もたくさん撮った。彼女は屋久島の深い森の中に抱かれていると、いつも不思議な感覚があると言うが、この日は特に「感動を覚えた」と語ってくれた。

「行く先を自分で決めることはできませんが、次はどこに行くことになるのだろうと楽しみ。そんなルーレットみたいなわくわく感も自分には合っている気がして、この仕事をずっと続けていきたいと思っています」

屋久島の調査業務が終わり、飛行機の帰りの便までの空き時間にトレッキングを楽しんだ

＼これも一緒にもらってください／
残置物特集

薪ストーブ

ダイニングが暖かい

寒い日の朝食も、ぬくぬくでいただけます

モダンな薪置きスタンド付き

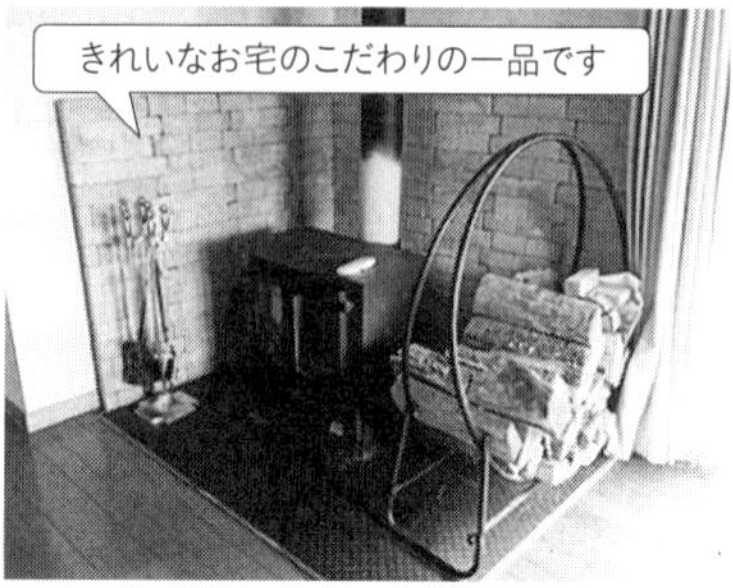
きれいなお宅のこだわりの一品です

トータルコーディネート

暖をとるスペースを
しっかり確保

囲炉裏もあります！

広〜いフローリングの
お部屋も冷えません

巨大ストーブがあります

大空間もこれがあれば安心(^-^)

実用主義

北国の本格派ストーブ、付いてます

乗り物

運搬車

年代物ですが、動きます！

トラクター

一度乗ってみたかったのでは？

レガシー

バッテリーは上がっていると思います…

ロータリー除雪車

バイク

ごめんなさい、動くかどうかは不明

お宝

戦時中のヘルメット

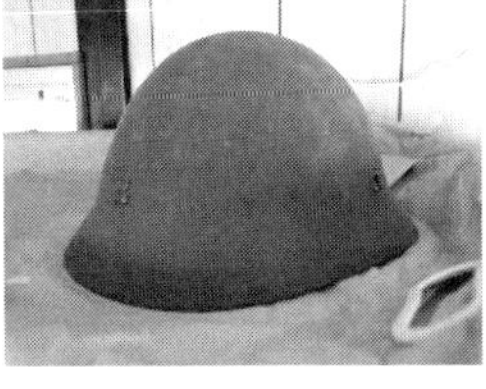
当時はこれが必要でした

蔵の中のお宝

年代物のタンスやら、
いろいろあります

レトロなカメラ

カメラファンの方なら
分かってくれる？

便利なグッズ一式

DIY用具一式

チェーンソーや
コンプレッサーもあります

釣り道具一式

ロッド、リール、ライジャケ、たも網…

調理器具一式

プロ並みの器具が
ひと通りそろってます！

田畑山林

山林1万6000㎡付き

広すぎるほどの
ドッグランにどうぞ

田畑4300㎡付き

本格的な農業にも挑めます！

こんなのもあります

卓球台

子どもたちとプレーしてください！

たぬきの剝製

捨てるには忍びないのです…

陶芸用の焼き窯

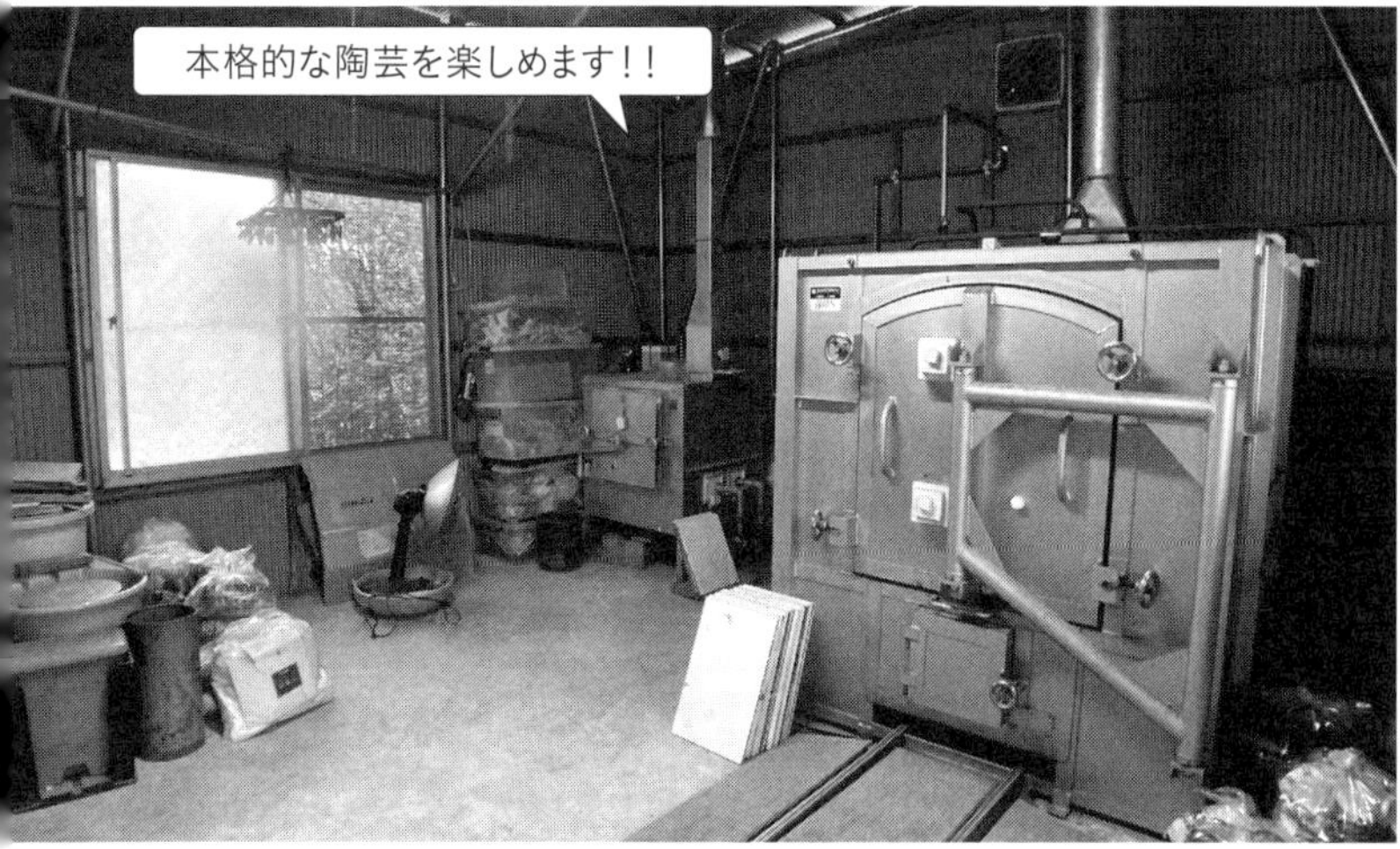

本格的な陶芸を楽しめます！！

漫画本

懐かしい名作がそろっています

クラシックレコード

名曲をそろえました

第3章

建築・不動産の矛盾から生まれた家いちば

1 日本一周と転職人生

学生時代はバブル時代だった

1980年代、日本がバブル景気の真っ只中、私は自由気ままな学生生活を満喫していた。実家からは十分な仕送りがあり、不自由がなかった。

風呂なし木造アパートで暮らす学生も少なくない時代に、電子ロック付きのマンションで一人暮らしをする私は貴族のようなものだった。窓からは横浜港が一望でき、その夜景を肴に朝まで飲もうぜと友達がしょっちゅうやってきた。部屋は暗めの照明にスポットライト、観葉植物まで置いてあった。すべてトレンディードラマの影響だ。

さらに、深夜バイトを毎日のようにやっていてその収入もあった。「すかいらーく」の厨房で皿洗いからやった。今では信じられない光景だが、深夜のファミレスが朝まで満席で、真夜中でもハンバーグの注文が次々入った。

89年は横浜の今のみなとみらい地区全域が「横浜博」でにぎわい、ネオンのような観覧車が夜の街を照らし、開通したばかりのベイブリッジでは高速道路であるにもかかわらず橋桁の真ん中で路上駐車をして記念写真を撮る車の列が後を絶たない。横浜は格好の夜遊びスポットだったのだ。

大学の授業に出ることもあまりなかった。それはバブルのせいばかりではない。横浜国立大学の建築学科に入学したのも、ほかの多くの学生と同じように建築家になることを憧れて地方からはるばる出てきたのだから、勉強をする気は満々だった。

建築意匠の講師は建築家として著名だった北山恒《こう》先生で、まるでドラマの主人公のようなダンディズム漂う風貌である。期待が高まる最初の授業だったが、その第一声はこうだった。「君たち、建築のことを学びたかったら私の授業なんか聞いてないで、アルバイトをしてお金をためて、海外旅行でもしなさい。授業に出なくても単位はあげます」。これには正直腹も立ったが、ほかの講義も似たようなもので、授業に出るなとまで言う先生はさすがに北山先生以外にはいなかったが、私がイメージしていた「学び」がそこにはなかった。

そのうち、学生であることそのものが嫌いになった。

その頃は「フリーター」がもてはやされていた時代で、バイト先にいた彼らは、高校を出ても進学をせず、あえてフリーターとなる道を選んでいた。年齢は私と同じくらいだったが、仕事に対するプライドと責任感が強く、チームワークと思いやりに厚く、タフでへこたれず、それでいて遊ぶときは徹底的に遊ぶ。バブルの恩恵で稼ぎもよく、羽振りもよかった。そんな彼らは格好が良かった。片や、たまに大学に行って、同期の学生たちと会話をすると、子どもと話しているようでつまらなかった。そういう気持ちもあって、私の生活は大学からどんどん離れていった。

日本一周で日本の原風景に感動

横国の北山先生が「建築のことを学びたかったら、アルバイトをしてお金をためて、海外旅行でもしなさい」と言っていたわけだが、実際お金もたまって旅行にも行けそうになった。当時は格安旅行会社のＨＩＳが急成長していた頃だ。学生は卒業旅行と称して長期の貧乏旅行をするのも定番だった。建築学科の学生ならヨーロッパに行くと決まっていた。

しかし私はそうではなかった。野沢温泉にスキーに行ったとき、風呂場でドイツ人の観光客と一緒になり、湯に浸かりながらヨーロッパのことをいろいろ聞こうと話しかけた。

すると彼の口からは「恐山は行ったことありますか？　素晴らしいですね。八幡平も感動しました」と次々と日本の話題が出て逆質問をされた。ところが私はそんなところに行ったことがないばかりか、補足できる知識も全く持ち合わせていなかった。負けたと思った。

旅行するなら、まず日本のことをもっと知らなくてはならないと、大学3年の夏、中古で買った愛車に乗って、日本一周旅行に出かけた。行き先も特に決めず、全国道路地図を片手におよそ3週間かけて本州を時計回りにぐるっと一周、高速道路は使わず、基本車中泊で。

海岸線を走ったり、山道に入り込んだり、街も自然も、夜の若者が集まりそうな場所や知らない町の夏祭りに参加したりと、気ままな旅だ。地元のおばあちゃんにヒッチハイクされたりもした。今でも胸に焼き付いているのは、そのときに見た日本各地の原風景だ。「この風景を守っていきたい」という強い思いがこのときからずっと心の中にある。

ところで学生時代には、高校でブラスバンドをやっていたのでその延長のつもりでオーケストラのサークルに入っていたのだが、大学のオーケストラにはプロ並みのプレーヤーもいて、私は足を引っ張るほうだった。熱心に練習もしたが、あまり上達しなかった。肩身の狭い思いも募り、2年で辞めた。このときに確信したのが、人は才能がないことに時間を費やすよりも、自分が得意なことをどんどんやっていくほうがいい、ということだった。

私は、音感はないのだろうが、空間認識力が人よりも高いことは自覚していた。絵を描くのも速い。なので、建築は向いているとは思っていた。しかし、建築の道もすでに遅れを感じていた。同じクラスには、高校のときから安藤忠雄の事務所で働いていたという輩もいて、追い付けないと思ったのだ。何か自分にしかできないジャンルはないものかと考えた。

建築やデザインとは全く関係なさそうだし、話が飛ぶようだが、すかいらーくでバイトしていたこともあって、私はフードビジネスに目を付けた。バブルの好景気を背景に世間はグルメブームだった。外食が娯楽として発展した。建築とあえて関連付けるとすれば、空間に趣向を凝らしたレストランが続々誕生していたことも要因の一つかもしれない。

私がバイトをしていたすかいらーくの店舗は、当時客数で全国2位の人気店だったが、地権者との賃貸借契約が切れて閉店となってしまい、今度はステーキレストランチェーンの「あさくま」をバイト先として選んだ。当時、ほかの外食チェーンに比べて店舗の内装が圧倒的におしゃれだった。創業者の近藤誠司がカリスマで、テレビなどにもよく出演していた。この店でいろいろ学んでみようと考えた。最大手チェーンのすかいらーくとの比較もできた。それでも飽き足らず、1年ほど働いた後、次にロイヤルホストでも働いてみた。あさくまに同じく創業者の江頭匡一《きょういち》に対する尊敬の念があった。この頃から経営そのものに興味があった。

フードビジネスに身を置いてみて分かったことは、同じ業態でも、内側から見ると全く違うビジネスだったということだ。経営の良しあしも見た。そして、学生バイトの身分で3年半ほど転々としてきたわけだが、その頃にはすでにバブルがはじけ、外食産業で勝負をしようという気持ちはなくなっていた。

米国一周旅行もしてみた

そうこうしているうちに、大学は4年間で卒業できないことになり、学生生活は5年目に突入していた。さすがに授業にも出るようになり、周囲は1年後輩の生徒ばかりだったが、温かく迎えられ、ノートなども回してくれた。

そんな中、私のように雰囲気が少し違って周囲から浮いている学生がもう一人いた。やや気取った感じで育ちのよさそうなルックスだったが、声をかけてみると人懐っこい関西弁で話す面白い人間だった。ひと言で言うと、絵に描いたようなバブルの遊び人で、私とはすぐに「留年の友」として意気投合した。

就職活動も始めた。就活の情報交換を彼とやることになった。初めは「ダメな者同士」の慰め合いのような付き合いだったが、あっという間に先を越され、彼はゼネコントップクラスの清水建設の内定を得た。給料も抜群にいいらしかった。当時の建設業界はまだバブルの余韻の中にあった。

一方私は、普通に大企業に就職してサラリーマンをやれる自信がなかった。そこで、少し変わった経営をしている建築設計会社に興味を持ち、内定までこぎ着けた。ところが、内定後の定期的な交流をしているうちにその会社に対して嫌悪感が出てきてしまい、それを会社側も感じ取ったのか土壇場で内定取消しになってしまった。

そのような経緯もあり、また清水建設に就職した彼の影響もあって、大企業への就職も考えたが、時は卒業年の10月頃のことですでに遅し。起業でもするしかないのかと頭をちらっとよぎったが、その自信もなかった。諦めムードの中、就活情報誌をぱらぱらめくっていると、「超高層住宅のパイオニア」という文字が目に飛び込んできた。

クルマで日本一周を成し遂げた後、米国一周旅行もしたのだが、そこで見た米国の都市構造は日本と全く違っていた。人口が10万人程度の地方の小都市でも、中心街のダウンタウンには摩天楼のような高層ビルが立ち並んでいた。日本なら茨城県の取手市や土浦市くらいの人口規模である。そして、郊外にはゆったりとした住宅街が広がっている。自然も豊かなままだ。要するにメリハリがあった。

東京と比較すると、東京がひどく非効率に思えた。逆に言えば、これから日本も建物の高層化がどんどん進むと感じた。「超高層住宅のパイオニア」と自らをうたっていたのは三井建設（現・三井住友建設）だった。さっそくここの人事部に電話をして事情を話すとすぐに会ってくれて、食事に招待され、熱意が伝わったのか即採用が決まった。大学も5年間で何とか卒業できた。やっと駒が進んだ。

超高層ビル技術の仕事

三井建設に入社すると、私は建築本部の技術部に配属された。内勤だった。アルバイトのときの経験から、工事現場勤務のほうが面白いと考えて希望も出したはずだったのに肩透かしだった。

工事現場に配属されたほとんどの同期入社組と給料で大きく差がついた。当時は現場勤務なら残業代だけで何十万も稼げたのだ。それでも建築技術部は出世コースだと逆にねたまれた。確かに社内の最先端の受注情報が飛び交い、会社を牛耳る重役たちが頻繁に情報収集で出入りしていて刺激はあった。

ちょうど東京・佃の大川端リバーシティ21（複数のタワーマンションが立ち並ぶウォーターフロント開発の先駆け）がオープンし話題にもなっていたが、これらの建設工事の多くを三井建設が手がけていた。まだタワーマンションという言葉すらない時代で、施工技術も発展途上だった。今ではタワマンも珍しくなく現在全国で約1400棟ほどが存在するが、当時はまだ100棟にも満たないくらいだった。

その後、爆発的に増えたわけだが、その要因は、総合設計制度などの建築規制の緩和もあるが、やはり鉄筋コンクリート造（RC造）で高層建築を建てる技術の進歩が大きい。それまではRC造では十数階建てまでが限界だった。それが一気に40階、50階と延びていったのだ。何十階とあるオフィスビルのような高層ビルはたいてい鉄骨造で、古くはエンパイヤステートビルなどもそうだが、鉄骨造ではマンションは不向きで、遮音性などに問

【図3-1】タワーマンション累積棟数の推移（竣工ベース、'18〜'20年は予定地）

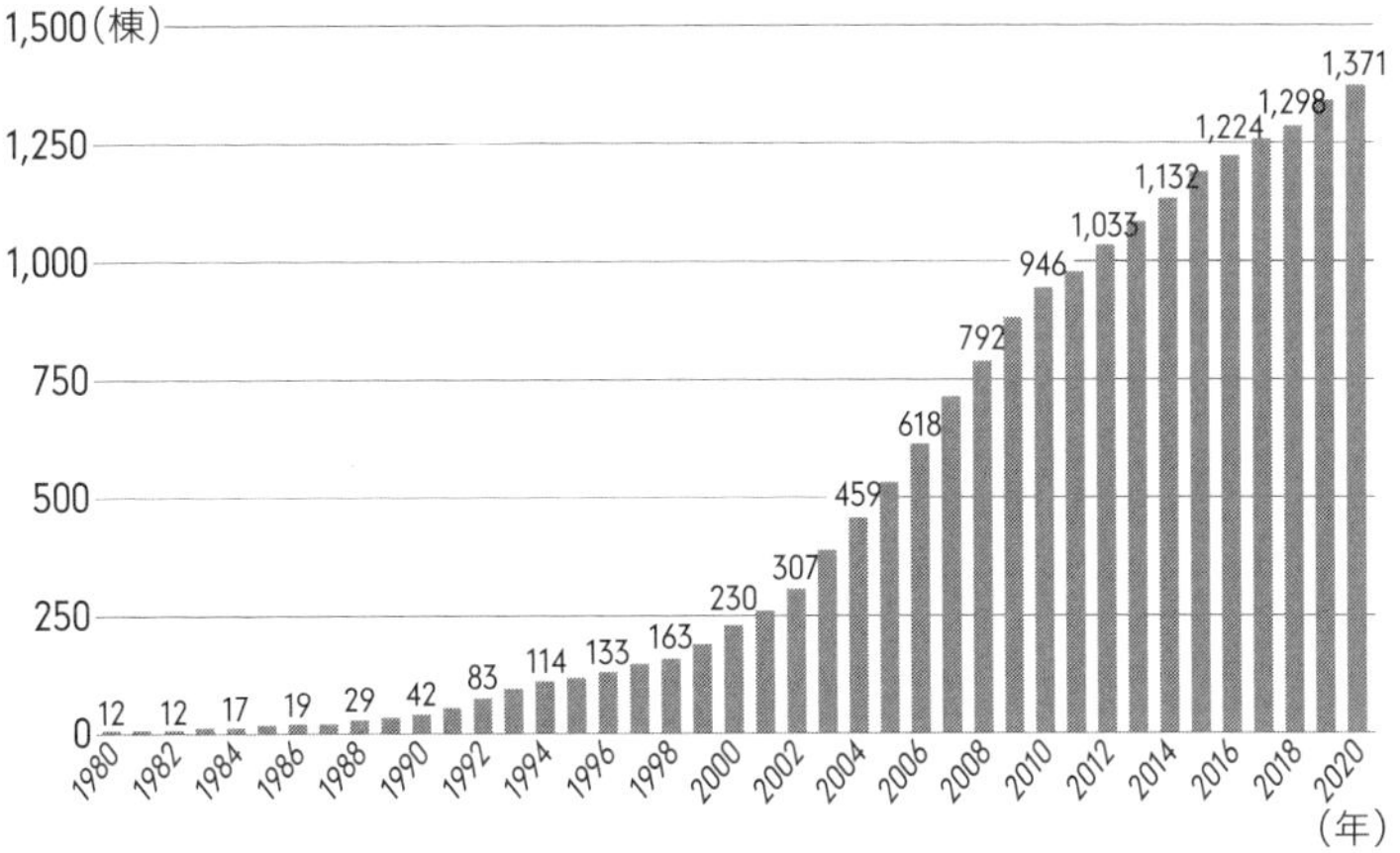

出所：「東京カンテイ、全国における超高層マンションの供給動向＆ストック数について調査・分析」を基に作成

題があった。鉄骨造とRC造の利点を両立したSRC造というのもあるのだが、これはコストが高かった。それが、RC造によりずっと安価にできるようになり、また住まいの都心回帰の流れもあり、タワーマンションブームに火が付いたのだ**【図3-1】**。

RC造で高層化を可能にした中核的な技術の一つが超高強度コンクリートだ。新入社員だった私に与えられた仕事は、技術研究所と協力してその性能を上げることだった。といっても、泥だらけになりながらコンクリートをこねる地道な毎日だ。

技術部には、社内でも「先生」と呼ばれるような専門家が多く在籍していて、その人たちの一人一人がユニークだった。言い方を換

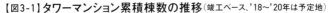

えると少しクセがあった。コンクリートの専門家もいれば、ガラスや塗装、シール材に至るまで、その道のエキスパートがいる。そんな先生たちのカバン持ちをして、日本中の工事現場を回るのも楽しかった。技術部は社内のコンサルタントみたいな存在だった。現場で何か技術的な問題が起きて、それを解決しにいくのが主な仕事だ。困った人を助けると、当然感謝される。現場の人も同じ会社の人間なのに、私たちはなぜか手厚く接待されて、地方の美味しい料理を腹いっぱい食べさせてくれた。

設計をやるならまず現場を知らないと

そんな技術部での新人生活を送っていたが、それでもやはりゼネコンなので、工事現場に修業に出てひと通り現場の仕事を学んでくる習わしがあった。私をどの現場に出すかで部内の上役が集まり議論になっていた。どうやら私を推す派閥とそうでない人たちの押し問答があったらしいと。大企業のややこしさを見た。

シンガポールで大型のコンドミニアム工事の受注情報があり、会社でも注目案件になることは間違いなく、そこへ私が行くことがいったん決まった。ところが反対派に却下されたのだ。それでも私をとても気に入ってくれていた施工統括部長の肝入りで、都内の超高層住宅案件に配属が決まった。そこから数年間は現場修業期間となり、多くを学んだが、その間で組織の人事も大きく変わり、統括部長もいなくなり、たまに本社に戻ってみると私の居場所もなくなっている。大企業で生きていくのははかない。

工事現場の仕事は楽しかったのだが、ちょうど一級建築士の試験にも受かり、設計の仕事がやってみたくて、転職しようと考えた。今でこそ転職も珍しくなくなったが、当時の1990年代後半はまだまだで、年功序列で安泰の大企業を辞めると言い出したら、何か悪いことでもしたのかと思われるような時代だ。それだから辞表を出すときに課長には「実家を継ぐことにしたから」と嘘の理由を告げた。これに課長がむしろ感動をしてしまい、送別会も盛大にやってくれて、課長は親思いの部下の決断に男泣きしていた。恐らく今どきはこんな大げさな送別会もなくなってしまったことだろう。

辞めることにエネルギーを使ってしまったため、新しい就職先を探すのは辞めてからだった。これが意外と苦労した。年齢は30歳手前。結婚もして子どもが一人いた。収入が途絶える不安は決して小さくなかった。ハローワークにも通った。まだ、ネットで求人をさくさく見つけられる時代ではない。設計事務所をいくつか面接したが、「設計をやりたかったのなら、ゼネコンに入ったのが間違いだよ」と諭された。そんなはずはないと強く反発した。設計をやるならまず現場を知らないとできないはずだと。

自分を信じて何社か当たっているうちに、同じ考え方の社長と巡り合い、しかもいい待遇で採用してもらうことができた。設計事務所の給料はおしなべて低水準で、家族を養うには心細かったが、ゼネコンのとき並みの給料を約束してくれた。そして、私はその期待にすぐ応えることができた。事務所の先輩方は私よりも若く、初めは自分より年上の「新米」をやりにくそうに教えてくれていたのだが、数カ月で追い越した。予想通り、現場の知識が役に立った。

このときの成功体験が、その後の転職人生へと導いている。前職の経験を生かしながら新しい職場で自分のポジションを確立していく。自分の経験を会社に提供しながら、自分は会社からまた新しい経験の機会をもらう。この法則で新しい仕事をどんどん広げていった。

同じ会社にいて新しいことを始めることは極めて難しい。それなら転職したほうが早いし、自分で選ぶこともできる。その代わり出世は難しくなることを覚悟しなければならない。その後、転職市場は大きく広がり、転職可能年齢もどんどん上がっていって、年齢のハンディを感じることもなかった。運もよかった。このようにして職を転々とする道を選んだおかげで、その後さまざまな経験をすることができた。

2 実家はとっくに解体され今はない

明治創業の田舎の商家で生まれ育つ

私は九州の有明海沿岸、筑後平野のど真ん中、福岡県の柳川市で生まれ育った。クリークと呼ばれる堀割が町中に張り巡らされ、地元では「お堀」と親しまれ、子どもの頃はここが格好の遊び場だった。

実家は昔から鋼材商をやっていて、大きな倉庫がいくつもあり、倉庫の中には多彩な鋼材がうずたかく積み上がっていて、ジャングルジムのようだった。ここも私の遊び場だった。家の1階は大きな事務所になっていて、住居とつながっていた。廊下の障子を開ける

私は古い大きな商家で育った。この家も今はもうない

とすぐに従業員さんたちが働く仕事場になっていた。お腹が空いたと顔を出すと、誰かがお菓子をくれた。事務所と一体だったから、木造瓦屋根の一軒家も道から見ると巨大なお屋敷に見えた。

鋼材商は家族経営だから、母も普段は事務所で仕事を手伝っていた。夕食が終わった食卓で母が伝票の整理などをしている光景が当たり前だった。仕事に忙しい両親に代わって、日中はおばあちゃんが私の遊び相手だ。縁側でひなたぼっこをしながらおやつ代わりにタクワンをかじるような幼児時代だ。

おばあちゃんには、よく落書き用の紙をもらった。いつもチラシや包装紙の裏紙がきれいにカットされ重ねて棚に置いてあった。昔は誰もがものを大切にしていた。このときの経験もあってか、私は今でも古いものがなかなか捨てられず、十何年も同じものを使い続けている身の回り品がたくさんある。家いちばの根底はここにもある。

残念ながらこの実家はとっくに解体されてしまっていて今はない。

理系肌の母からの影響かも

田舎の小学生だったから、昆虫採集に没頭した時期があった。採ってきたアゲハチョウやカミキリムシ、キリギリスなどを標本セットの注射器でホルマリン消毒をし、腹部をメスで切開して綿を詰めて虫ピンで刺して手作りの標本箱に並べて飾っていた。もし今、自分の子どもがそんな遊びを独りで黙々とやっていたら気色悪いと思うかもしれない。母親は長崎大学の薬学部で人体解剖などの授業も受けていたようだから、なんのことはなかったのだろう。母はどちらかといえば理系で理詰めなところがあり、私はそんな母の影響を受けている。

ある年、クリスマスプレゼントで顕微鏡を買ってもらった。いろいろなものを観察した。

科学や自然に対する畏敬は今でも変わらない。この世には自然の摂理のようなものが存在し、人間はそれに対して謙虚でなければならないという考え方が私の根底にある。

ちなみに新しい電化製品が我が家に登場するのは比較的早かった。「ワープロ」が一気に普及し始めた頃、我が家にもワープロが導入され、私には、ペンなどを使わないで漢字が書けるということで、画期的な出来事だった。私が「これで習字の先生もいらなくなるね」とつぶやくと、母に「そんなことはない。機械に憶え込ませる文字を誰かが考えなければならない」と諭されたのだ。この母の発言は衝撃的で、何か普遍的なこととして脳裏に焼き付いた。

家いちばはITの会社でもあり、プログラムを使って世の中を便利にしていきたいと考えているが、それで人間がやるべきことをなくしていくつもりはない。むしろ、人間にしかできないこと、人間が人生において本当に時間を割いて過ごすべきことに集中できるようにしていきたい。このワープロ事件が、そんな考え方のきっかけとなっている。

BASICにはまる

1970年代後半くらいに実家の事務所に「オフコン（オフィスコンピューター）」が導入された。まるでSFの宇宙船のコックピットのような大きなテーブルにテンキーと緑色しか出ない小さなディスプレーが埋め込まれたものだ。記憶装置の8インチ（約20㎝）フロッピーディスクがガッチャンガッチャンと厳かに動いていて何やら一生懸命計算をしている風だった。もちろん、これも子ども心の好奇心に火を付けるには十分だった。

それからしばらくして1981年（当時小学6年）にNECからPC－6001という家庭用のパーソナルコンピューターが登場。まだパソコンという呼び方が一般化する前で「マイコン」と呼ばれていた。このマシンは、音楽やグラフィック機能は強化しつつも機能を削り、家庭向けに10万円を切る価格設定で販売された製品だった。アップルの初代Macや任天堂のファミコンが世に出る数年前のことだ。新しい時代の幕開けを感じた。これを購入してもらい、プログラミングに勤しんだ。このマシンの、メインメモリは16KBしかない。電源を切る際には、データを残すために、なんとオーディオ用のカセットテープにいちいち記録する。プログラム用の言語は初心者向けのBASIC《ベーシック》が使えた。「プログラムが趣味」だった時期がこのあと何年か続いた。

中学生になるとパソコンを趣味とする仲間が次第に広がった。当時ラジコンと対峙して男の子の趣味の二大巨頭となるまでになった。その後のファミコン以降のゲーム機の登場で、ゲーム派とプログラム派にも若干分かれる。わずか数年の間に時代が変わった。

せっかく買ってもらったパソコンだったが、2年後には後継機のPC－6001mkⅡが発売された。価格も下がり、サイズもコンパクトに洗練され、機能も大幅に向上された。友達のほとんどはマーク2を買った。そのうち、PC－6001mkⅡSRという新型が登場し、その後もさらに安くていいマシンが現れた。これではらちが明かないと、県立高校合格をバーターにさらに上位機種のPC－8801mkⅡSRを買ってもらった。一気にカローラからクラウンに上がったくらいの気持ちだったが、高機能すぎてプログラミングをして遊ぶには少々重たく、ゲームで遊ぶ時間が多くなった。

高校3年になり、いよいよ受験勉強という時期に、以上のようなパソコン経験もあり、もともと志望していた情報系の学部では、学ぶことの移り変わりが早すぎて自分もそのうち付いていけなくなってしまうと考え、一転して「それなら思いっきり進歩の遅い業界を選んでやろう」と、そこで目に付けたのが建築だったのだ。

3 マンション業界で学んだこと

マンション業界特有のスタンダード

さて、三井建設の統括部長の肝入りで私が送り込まれた工事現場は、東京都の住宅供給公社のタワーマンションだった。多摩川沿いの工場跡地の広大な敷地に3棟のマンションが立ち並ぶ大型プロジェクトだ。最先端の施工技術がふんだんに盛り込まれた注目案件で、部長からしてみればそこで思う存分学んでこいというわけで、感謝すべきところだったが、あいにくそのように事は運ばなかった。私はその現場の副所長とけんかをしてしまい、間もなくして東北支店に飛ばされたのだ。課長から「しばらく東京にいないほうがいい」と言われるほど、東京支店内では私の悪評が飛び交っているようだった。

東北では地獄のような突貫現場を数カ月やらされた後も、東京には戻れず、次の現場は千葉県松戸市内の三井不動産グループの分譲マンション「パークホームズ」シリーズだった。千葉支店も首都圏だが、東京と比べると都落ち感があった。その分、伸び伸びできる雰囲気があった。私はそのほうがよかった。

ただし、相変わらず人運はいまひとつだった。いい先輩もいたが反面教師も多く、その分学ぶことはあった。そもそも所長と副所長の仲が悪く、工事途中で何人も所員が入れ替わり、とうとう副所長までも飛ばされた。そんな感じだから現場はドタバタだった。自社設計の案件でもあったが、多少無理のある設計だった。2棟構成のマンションだったが、片方はRC造なのにもう片方はSRC造だ。これが現場泣かせだった。

さらには、メゾネット（室内に階段があり2フロアになった住戸）、スキップフロア（共用廊下を3フロア置きに配置することで利便性は多少犠牲になるが、バルコニー面が多く取れるので居住性を高めることができる）など、マンションの教科書に出てくるような特殊事例のオンパレードだった。マンションは、下から上まで同じ間取りが縦に並んでいるのが普通だが、この物件はそうでなく、ミスが起こりやすかった。しかしそのおかげで、まだ経験の浅い私にとっては格好の教材となった。

それ以前にも驚くことがいくつかあった。窓サッシの担当を任されて、施工図（工事現場では下請け工事業者に指示をするための専用の図面を描く）のチェックをしていたときのことだ。

設計図を見ながら寸法の間違いがないか調べていたところ、所長から叱られた。「バカ野郎、そんなもの見てたら間違えるだろ、これを見るんだ」と渡されたのが、マンションの販売用のパンフレットに載っている間取り図集だった。確かに、見比べてみると設計図とパンフレット図に微妙な違いがたくさん発見された。

私が不思議そうな顔をしていると、「たぶん何者かが勝手に書き換えたんだ」と所長が舌打ちした。これは衝撃だった。私は、施工とは「設計図書どおりに建物を造ること」と教わったが、そうではなかったのだ。しかも「何者」って誰？　よく見ていくと、窓を大きくする変更が多かった。「窓が大きいほうが高く売れるからな」と所長は独り言のようにつぶやいたが、犯人が何者なのか少しだけ分かった。マンションを売りたい人のしわざなのだ。そしてそれが絶対命令だった。

2つ目の衝撃はこうだ。私が現場に出て、鉄筋の配筋チェック（コンクリートを打設する前に埋め込まれる鉄筋の並び方などが適切かの検査）をしていたところ、電気設備の作業員がパンフレット図を持ってウロウロしていた。よく見ると、それを見ながら作業をしていた。いくらパンフレットが正しいからといっても、さすがに詳しい寸法とかまでは分からないから、「そんなので作業できるの？」と聞いたら、「標準仕様書で寸法が決められているから、だいたいの位置が分かれば現場で計ってスイッチやコンセントを正確に設置できるんです」と説明してくれた。これにも驚いた。

確かに、設備の設計図がこれまた大ざっぱなもので、それよりもよっぽどパンフレット図のほうが完成度が高い。後で知ることになるが、このやり方は業界のスタンダードとなっていた。何か私の知らない大きなうねりを感じた。

大京・東急不動産・森ビルとの出会い

その後、設計事務所に転職して、今度は設計者の立場でマンションの仕事に携わることになった。工事現場ではずっと下っ端のままだったが、新しい職場ではすぐ主任として、発注者とのやりとりの前面に立つようになった。発注者とは開発事業者、いわゆるデベロッパー（デベ）である。1物件のサブ担当をやったあと、いきなりメイン担当となり、東京の郊外、南町田で120世帯くらいのファミリーマンションの基本設計からポンと任された。10人にも満たない小さな事務所だったから、役が回ってくるのも早い。

デベは、ライオンズマンションで有名な大京だった。ちょうど古い体質のイメージの脱却を目指してロゴも変えてリブランディングの真っ最中だった。企画も意欲的だった。通常マンションは「田の字プラン」といって、部屋がタテヨコに田の字のように並んで3LDK（4部屋）となるプランが最もスタンダードだが、この南町田プロジェクトでは、住戸の間口（横幅）を広げて、バルコニーに沿って部屋が3つ並ぶくらいの広さにすること（ワイドスパン）で、従来の画一的なプランから脱却しようという企画になっていた。

ちょうど大型商業施設のグランベリーモール（2019年にグランベリーパークとして建て替えられた）のオープン直前で、周辺はにわかにマンションラッシュとなっており、競争も激化しそうだったため、差別化が必須だったのだ。大京との設計打ち合わせに行くと、役員クラスの人までずらりと並び、「ぜひほかにない、いいモノを」と激励された。初めての設計担当であることはとても口に出せなかった。

期待されたら頑張るしかない。ワイドスパンのプランニングは面白かった。ほとんどの住戸が4LDKとマンションにしては大型のものばかりで、100㎡台のプランもたくさんあった。こうなると、間取りのパターンも無限大に広がった。大きなリビングの横に書斎を配置したプラン、キッチンや洗面室を明るい南側に配置したプラン、オープンキッチンのある大きめのダイニングを生活の中心にしたプラン、廊下ではなくリビングから各部屋にアプローチできるようなリビング中心のプランなど。一度、考えられる間取り配置のパターンを順列組み合わせするように洗い出して、それをデベの担当者に送って意見を聞きながら、全体の配棟計画に落とし込んでいった。おそらく、初心者だったから進め方も型破りにできた。ビギナーズラックというやつだろう。

しかし、設計が完成し、許認可もすべてクリアしたところで、突然、担当から外された。工事を担当するゼネコンから予算が合わず苦情が出ているとのことだった。どうやら自由にやりすぎたようだった。ただ、毎度のことだがいい勉強になった。あらゆる間取りのパターンが頭の中にインプットされた。その後の私の武器の一つとなった。

外された後の次の仕事がまた変わっていた。東急不動産で開発中の分譲マンションで、ほかの担当者が設計したものだったが、予定が変わって、分譲するのでなく一棟丸ごと別のデベに売却するというプロジェクトだった。丸ごと売るといっても、まだ建設最中である。買うほうのデベは、大幅な設計変更を要求していて、そのとおりに完成した状態で買うというのが条件だった。

そのデベは森ビルだった。工事を進めながらの設計変更は容易ではない。工事途中だかららできることとできないことがあり、それは現場を熟知した私が適任というのが所長の考えだった。私は面白そうと思って安請け合いしたのだが、これが想像以上に大変だった。

当時森ビルは、六本木六丁目の再開発（現在の六本木ヒルズ。完成する前は業界内では「ロクロク」と呼ばれていた）の真っ最中。超都心に現れた広大な更地に森ビルが何やらすごいものを造っているというのは有名な話だった。すでに森ビルが完成させていた元麻布ヒルズは建物の上のほうがつぼみのように大きく広がった非常識なデザインで、これも業界では度肝を抜かれた感じだった。それ以外にも港区内で型破りな大型プロジェクトが相次いで進行中で、勢いがあった。工事中のマンションを丸ごと買うというような荒っぽいことをするのは、まさしく森ビルらしいと思った（その後、不動産ファンドが広がり「一棟買い」は珍しくなくなった）。

森ビルがこのマンションを多少無理してでも買おうとした理由は、付近一帯をさらなる再開発候補地にしようと水面下で動いていたためで、そのゲート付近に位置するこのマンションをどうしても手中に収めたいという考えだった。要するに地上げである。何年後かに再開発がスタートするときにこのマンションは取り壊されるという運命が決まったようなものだ（2020年現在、すでに虎ノ門・麻布台プロジェクトとして着手中）。

すぐに壊される予定の建物を建設するプロジェクトというのもまた微妙な心境ではあっ

たが、期間限定の割り切りもあって、設計変更の企画は多少実験的で斬新なものだった。元の計画で2戸分の区画を1つにしてSOHO（Small Office Home Office）にするというもの。オフィスではありながら住宅の要素も取り入れ、内装や照明も落ち着いた雰囲気で、バルコニーにはふんだんに緑が植えられた。広めのラウンジも作った。「職住近接」をテーマに掲げる実質的創業者の森稔氏がまだご健在の頃で、彼の哲学が投影されていた。当時、「都心回帰」の流れを受け、このようなSOHOの企画は急速に広がっていた。また、住まいと働く場所の垣根を取り払うという意味では、昨今のリモートワークの先駆けだったともいえる。

設計変更の実務はそこそこ大変であった。法律上の解釈にも議論が必要だった。あたかも新築工事を進めながらリノベーションをするような感覚だ（まだ「リノベーション」という言葉が普及する前だ。なお、その後法改正があり、このような工事途中の大きな設計変更は実質できなくなった）。

金銭問題も絡んだ。売主の東急不動産と、売主から工事を請け負っているゼネコンと、それをまとめて買い上げる森ビルと、それぞれの億単位のソロバン勘定があり、設計者である私の会社は直接絡まないものの、設計の依頼者は東急不動産であったから、その意向で動きつつ、かといって森ビルの機嫌を損ねてはこのプロジェクトは頓挫してしまうし、バランスが難しかった。ゼネコンは東急グループの会社だったから、力関係での多少の抑え込みは利いたものの、そうはいっても先の見えない工事に相当なストレスだったと思う。工事現場の所長の愚痴の相手は、いつも私だった。

一方、森ビルとの設計の打ち合わせは壮麗だ。営業部や設計部、積算部といったセクションごとの担当者が何名もずらりと並び、こちら側の席には東急不動産の担当者と2人きり。それでいて、ほかにも数多くの大型プロジェクトが進行している会社であったから、会議も目まぐるしく進行し、手際はよかった。それぞれがそれぞれの専門性を生かしながら割と平等に喧々囂々《けんけんごうごう》とやっていた。

そして、その専門分野ごとで議論されたボールが全部こっちに飛んできた。設計者は私一人で多勢に無勢。無理難題も多かった。初めは勘弁してくれという気持ちが強かったが、そのうちこだわりを持ってものづくりをやることの楽しさを覚えた。デベも面白そうだな、と考えるようになった。

CGパンフと〝マンションポエム〟の時代

安土城を建てたのは誰か、と聞かれたらどう答えるだろうか。織田信長か、あるいは大工か。そうこうするうちに、私は、大工ではなく、信長のほうをやってみたいと考えるようになったのだ。すなわち、発注者側である。

設計の仕事は楽しかったし、天職だとも感じていた。それでも、川の向こう岸にもっと大きな世界が広がっているように感じた。転職先の候補はいくつかあった。その中に、森ビルもあった。面接の感触もよく、それに同じく面接に臨んでいた何人かの採用希望者も仕事ができそうで一緒に働きたいタイプの人ばかりだったが、結局、最終面接には行かず、別の会社を選んだ。再就職先は、分譲マンション専門のデベロッパーでゴールドクレストという会社だ。

建築の仕事をずっとやってきたが、時々誰のためにやっているのか分からなくなるモヤモヤがあった。最終的にはお金を払い、実際に使う人たちのためにその建物を造るのだが、これまではそのような「消費者」に遠かった。その頃は、もっとエンドユーザーに最も近いところにいる仕事をしたいと考えるようになっていたのだ。そこでマンションを造るだけでなく、販売もして、できた後の管理もするような会社、なおかつそれでいて「勢い」がある会社がよかった。そのほうが退屈しないだろうと思えた。この予想は当たりすぎるくらい当たった。

2002年の年初めにゴールドクレストに入社したその日、そのまま新年会に連れていかれた。当時、史上最短で東証一部に上場したばかり、まだ40歳そこそこの若い社長をトップに役員の人たちも私と変わらないくらいの年齢で、さらに社員の多くは私よりもっと若い20代ばかりだ。宴会場に集まった全社員のエネルギーがすさまじく、初日から圧倒された。当時同社はまだ100人程度の社員数だったと思うが、翌年度の新卒採用で何十人も新しく入社してきた。本社のにぎやかなフロアを見渡すと、若い社員たちが忙しく動き回っていた。活気があった。

私の配属は商品企画部配下の設計監理部という名称で、パンフレットや重要事項説明書などの契約、販売用の書類のチェックや施工途中のプロジェクトの現場打ち合わせ対応がメインだった。まさしく「川の向こう側」の仕事に就くことができた。

ほどなくして部長から呼び出され、私の担当物件を言い渡された。タワーマンションだった。この会社がタワーマンションを手がけていることは知らなかったので驚いた。「あなたの背が高いので」とその若い女性の部長は微笑みながら言った（私の身長は188㎝）。しかし、これが苦労の始まりだった。

2000年前後のこの時期、首都圏のマンション供給戸数はピークを迎え、一方で販売単価は底値を打った。バブル崩壊から10年、地価は半値以下に下がり、長引く不景気でオフィスビルなどの仕事が減ったゼネコン各社がマンション工事を安値受注することが常態化し、土地代と建設費の両方が下がったものだから、マンションの割安感が出た。これに加えて、産業構造の変化から、企業が工場や社宅用地を手放す流れがマンション用地の大量供給を生み出し、さらに史上空前の低金利時代。国はさらにローン減税制度を導入し、積極的に後押しした。これだけ好条件がそろえば、マンションがブームになるのも当然だ。こうした需要の拡大を背景に、プロジェクトも大型化していき、一度に何百戸も分譲する大規模な「メガマンション」競争に発展していった。

こうなると、デベには資金力が不可欠で、新興デベは拡大路線に乗れるかどうかが勝負だった。ゴールドクレストはこの流れにうまく乗り、この年の首都圏販売戸数で3位となり、財閥系大手と肩を並べるまでになっていた。

ブームとはいえ、販売競争は激しさを増した。大量供給するから、その分たくさん売らなければならない。造れば売れるというわけでもない。選択肢が増えた分だけ、消費者の目は厳しくなっていた。インターネットの普及により、口コミサイトも活発になっていた。「闘い方」が変わり始めた時期だった。高度なコンピューターグラフィックス（CG）が安価に作られるようになったことも大きい。分譲マンションのビジネスは「青田売り」といって、出来上がっていない商品を売りさばく商売だ。それをあたかも目の前に存在するかのように見せるCGの威力は大きかった。販売用のパンフレットは、CGをふんだんに盛り込むことでその豪華さに拍車をかけた。CGを動画風に仕上げたムービーも作製され、モデルルームの大スクリーンでその映像が流された。

今では「マンションポエム」と皮肉られる、歯が浮くようなキャッチコピーを付けることが業界慣習となったのもこの時期だ。造り手も消費者も、完成予想図という幻想に酔っていた。

タワマン湾岸戦争

ところで、タワーマンションブームの当初は大手デベロッパーの独壇場だった。タワマンを建てるには、法規制を緩和する特殊な開発手法などを使うし、企画や販売面でもノウハウが必要だ。規模も大きく、開発期間も長くなるから資金力も必要。マンションブームにより、デベ間の競争が激しくなるにつれ、大手はさらにタワマン開発に傾倒していった。

そこに、ゴールドクレストのような新興デベまでもがこの市場に参入、私はその急先鋒となったのだ。私は2つ目のタワマンに着手していた。1つ目のときは、設計も許認可も終わった後の担当だったから、あまり大きな設計変更もできず不完全燃焼だったが、今度は違う。住戸のプランは全部書き直した。40階建ての600戸近いマンションだったから、どんなにプランニングをしたか分からない。毎日毎日、プランを描いた。これだけのプロジェクトにもかかわらず、私だけに任されていた。外観のデザインとランドスケープなどは米国の建築家に依頼した。

このタワーマンションのプロモーションが開始された頃になると、私はモデルルームのある販売センターに通い、商品説明などやるようになっていた。ちょうど宅地建物取引主任者の資格も取り、次第に不動産事業者として動くことが多くなっていた。

世の中の潮目も少し変わり始めていた。このタワマンは品川駅の港南口から海のほうに何分か歩いた湾岸のエリアだったが、この一帯には他社のタワマン開発プロジェクトもいくつもあり、激しい販売合戦をしていた。この事態を雑誌は「港南戦争」「品川戦争」と紹介した。さらに、ベイエリア全体のタワマンラッシュを指して「湾岸戦争」とも呼ばれるようになり、雑誌の表紙の見出しを飾った。モデルルームには客を装った他社のスパイが潜入したかと思えば、口コミ掲示板では同業他社の仕業と見られる批判的な書き込みが毎日のように更新された。やられたらやり返すではないが、どっちもどっちという状況が続いた。そんなある日、社長が突然販売にストップをかけた。社内は騒然とした。知らせを聞いた競合他社はこれを敗退宣言と受け取り、歓声を上げた。

これには社長の深い考えがあった。このマンションブームのあおりで、販売価格が下がりすぎていた。用地仕入れ競争も激しくなり、土地が買いにくくなっていた。こうなると、近い将来売る物件が足りなくなってくる。それならば、利益を削って今無理して売らなくてもいいだろうという判断だ。今度は、このことが新聞記事にもなり、「売り止め」という言葉が業界内で広く知られるようになった。

マンションを売っても儲からない時代に移りつつあったのだ。私もすっかり疲れていた。私も、さすがに新築を造りすぎだろうと感じていた。出来上がったタワーマンションの屋上から都心を見渡してみても、すでに建物はたくさんある。これらをうまく生かしていけばいいのではないか。頭に「ストック活用」という言葉がよぎった。

不動産ファンド解禁

日本で、証券投資信託及び証券投資法人に関する法律が改正され、不動産ファンドが解禁されたのは2000年のことだ。その数年前の橋本龍太郎内閣による金融ビッグバンから起こった一連の改革によるものだ。

私がその存在に気付き始めたのはその4年後くらいである。売り止めに舵を切ったゴールドクレストが「一棟売り」を始めていた。分譲販売するのをやめて、不動産ファンドに一棟ごと売却してしまうのだ。私は、初めはそれを消極的な事業の選択と捉えていたし、ストック活用の仕事をしてみたくて転職先を探していた。

すると、このファンドの求人が急増しているではないか。たいてい給料もいい。大きな流れが来ていたのだ。不動産ファンドやJ－REIT（不動産投資信託）について調べてみると、「投資家から資金を集めて不動産を運用する」と書かれてある。要するにお金を扱う仕事だ。

デベとの仕事ではいつもお金に悩まされた。いいものを造ろうとすると、工事費が跳ね上がる。では工事費を落としていけばいいのかというと、そうするとクオリティーが下がり売れ残る。販売価格や利益率などいろいろなファクターもある。この方程式のどこに答えがあるのか、モヤモヤしていた。新築を建てるだけでもこんなに悩むのだから、建てた後の何十年という長い期間にわたる「ストック」の問題も、なおさら「お金」が鍵になるだろうということが直感的に分かっていた。だったらお金のことをもっとうまくコントロールできるようになりたい、そう考えた。

不動産ファンドの会社、パシフィックマネジメント（ＰＭＣ）に入社したのは２００５年のことだった。同社もちょうど東証一部に上場した直後だった。急激な業績の成長に社内体制を追い付かせようと、目まぐるしく変化している最中で、毎週のように何人もの転職者が席の前のほうで皆に挨拶をしていた。これまで勤めてきた会社に比べて社内業務のＩＴ化も進んでいた。というか、そうでないと回らない会社だった。

この不動産ファンドの勃興期において、新しい投資商品への世間の期待は高かった。株式投資に比べてリスクは低く、債券投資などよりはリターンが大きい。これまでになかったカテゴリーの登場だ。それまで不動産投資といえば、アパートなどの現物を保有するしかなかったが、不動産証券化の仕組みを介して小口投資をすることで、リスク分散もしやすく、介在するプロの役割も明確なので不動産特有の致命的なリスクも避けられる。

ましてやすでに米国などで普及している実績のあるスキームで、それをほぼ丸ごと「輸入」したものだ。聞き慣れないカタカナ言葉が飛び交い、契約書類は欧米式の分厚いものだった。それらのことが資金の出し手として主に国内の機関投資家（銀行や生命保険会社など）の背中を押した。

一方で、それにもかかわらず、ファンドを扱えるプレーヤーがまだ何社もなかった。その中でPMCは日本で初めて賃貸マンションに特化した「日本レジデンシャル投資法人」をJ－REIT市場に上場させたばかりで、唯一の独立系として注目を浴びていた。不動産ファンドの仕事は、投資する不動産を探してこなければならないが、まだバブルの傷跡の残る不良資産を手放したい一般企業や、市況の変化によって資金回収を急ぎたいデベとの思惑とも合致し、同社への物件の売買依頼は殺到したのだ。

不動産ファンドの仕事は大きく3つある。まず、不動産を保有するための法人を立ち上げる。この法人を「箱」と呼び、さまざまなパターンがあるが、不動産の保有運用に特化した法人とするため、社名も一般企業と異なり「○号デベロップメント特定目的会社」のような便宜的な名前を付けた。このため、実際に投資する企業の名前が表に出にくく、まるでペーパーカンパニーをつくって雲隠れしているようにも見られ、やや怪しげな印象を持たれることも多かったが、そのダークなイメージが男心をくすぐる面もあったかと思う。ファンドを立ち上げる（組成する）仕事は花形だ。2つ目は、ファンド（箱）が保有する不動産を賃貸に出して収益管理を行う「運用」の仕事。改修工事や用途変更をして収益を大幅にテコ入れする「バリューアップ」も運用業務の一環だ。3つ目は、その不動産を購入（箱に入れる）したり、売却処分をしたりする業務だ。

ちなみにファンドでの購入業務（アクイジション）は、本来、既存のビル（新築でないもの）を買うのだが、それでは足りない状況になっていて、工事途中のビルを買ったり、あるいは自社開発したりしてそれを補っていた。私の配属はその専門チームでデベロッパーからの転職者も多くいた。

PMCにはすでに200人近い社員がいたが、すべて転職者だった。証券会社や保険会社などの金融系の出身者も多く、カルチャーもそれぞれに少しずつ異なる者同士が、議論し、お互いの専門スキルを補い合い、不動産ファンドというまだ新しい分野にチャレンジしていた。挑戦意欲の高い、そして先見性のある人材がたくさん集まっていたのだ。これまで働いた会社にはない刺激があった。

いい会社だったパシフィックが倒産

仕事は慌ただしく、出張も多かった。福岡や札幌など全国へ日帰りで往復し、その夜の投資委員会（社長ほか役員がそろって参加する）に対して、昼間見てきた物件の買い付け（購入する意思を書面で正式に相手に伝えること）をするかどうかの稟議《りんぎ》を上げ、深夜のタクシーで帰宅するというような日々だ。同じようなことをやっている社員が何人もいて、毎日のように投資委員会が開かれた。ビル一棟の売買が基本だから、1件数十億規模の決裁だ。多額なマネーの数字が日常的に飛び交い、金銭感覚を失ってしまいそうなものだが、そこを理論的に行おうとするのがファンドの真骨頂だった。稟議の資料には複雑なエクセルシートが使われた。

私にとってそれまでなじみのない金融の難しい用語が並ぶ。数字と証拠（エビデンス）による理詰めをとことん要求された。恣意的な判断はしないこと、常に「投資家に対してフェアであること」のセリフが会議で口々に出てくる。まだ平成バブルの記憶も新しく、役員の人たちも「バブルになってはいけない」と自らに言い聞かせながら稟議の決裁に臨んでいた。

『週刊ダイヤモンド』が発表した年収ランキングで、常連のテレビ局などを抑えて不動産ファンド系が上位に並んだ。その後は、これに続けと競合他社が乱立し、大手もファンド事業を拡大させ、競争が激しくなり、不動産価格がみるみる上昇していった。ファンドバブルではないかと言われ始めた。しかし、前回のバブルほどの上昇率ではなかった。また、上がる土地とそうでないところとの「二極化」の現象も見られた。このためファンドの当事者たちは、不動産が正当に評価されるようになった証拠だとむしろ胸を張っていた。はじけないバブルと信じられていた。

しかし変化の予兆が海の向こうからやってきた。2007年に米国でサブプライム問題が表面化し始めた。初めはただの風評被害と受け取っていた。あくまでも米国国内の話である。それにもかかわらず、パシフィック（この頃「パシフィックホーディングス」に社名変更）の株価は大きく下げた。前年度の株価上昇ランキングでずっと1位だった企業が、翌年に最下位に転落。急転直下だ。サブプライム問題と同じく「金融」と「住宅」で連想される銘柄であったからと分析された。ただのイメージの問題だと信じたかった。業績そのものは好調だった。収益も、取り扱い資産残高（ファンド企業はこれを経営指標として重視）も依然と急増し続けていた。

不動産ファンドで先行する米国やオーストラリアの市場規模から推測しても、日本の潜在市場はまだ十分に大きかった。経営者はブレーキを踏まなかった。むしろ、日本の不動産市場の透明化という使命感に燃えていた。これは正しいことだったが、サブプライム問題からタイムラグをおいての翌年2008年の9月、ご存じリーマンショックで世界的な金融危機に発展し、この余波を大きく受けた。太平洋を越えてやってきた大波に飲まれ、パシフィックという社名が皮肉のようになってしまった。その後、この会社は会社更生法が適用され、消えてなくなってしまった。数千億の負債総額となり、リーマンショック時の国内の倒産企業のうち最大規模だった。同業他社もいくつか飛んだ。結果としてファンドバブルと呼ばれるようになってしまった。

さて私はといえば、このリーマンショックのわずか1カ月前に同業他社に転職していた。サブプライム後の1年間は、社内はあたかもタイタニック号のようであった。船の底に小さな穴が開き、船がじわじわと沈み始めていたのだが、乗船客はそのことに気付いていたのかいなかったのか、それとは関係なく狂乱の宴をやめることはなかった。私もしばらくはその中にいたが、最後の3カ月くらいに潮時を感じ始めていた。

その頃、新設された売却専門チームに配属されていた。要するに不動産のリストラ部隊みたいなもので、仕掛かり物件を手当たり次第に投げ売りするという特命を負っていた。さすがにこういう仕事をするために私はこの会社に入ったわけではなく、ある意味窓際に追いやられたような気分もして、すぐ転職しようと決めた。結果として転覆寸前の船から素早く脱出したような形となってしまったが、まさか本当に倒産するとは思ってもいなかった。

いい会社だった。経営理念も素晴らしく、社会的な存在意義もあった。優秀な人材も集まっていた。社長以下、役員メンバーの統率力、リーダーシップにも目を見張るものがあった。しいて言えば、一人一人の個性が強すぎたのかもしれない。会社はなくなってしまったが、パシフィックにいた人たちの多くが、今も各方面で活躍している。不動産ファンド市場も、あれから時代の教訓を得て健全に発展して今に至る。ファンドバブルで消えた者たちは、時代のあだ花だけではなかったはずだ。

4 MBAの仲間たち

オンラインで取得できるMBAに挑戦

パシフィックに入って、自分の知識不足を思い知った。キャップレート、ノンリコースローン、ネットオペレーティングインカム、IRR（内部収益率）、DCF（ディスカウント・キャッシュ・フロー）、キャペックスリザーブ、など横文字用語を多用する会話に付いていくだけで大変だった。たまに教科書も読みながら（まだこの手の詳しい本も少なかった）、見よう見まねでやっていた。実は言葉の本質までよく分かっている同僚も少なかった。

もっとファイナンスの勉強を基礎からしっかりやってみたい、という思いが強くなっていた。それとこの頃、社内でブランディングプロジェクトを自らの発案で立ち上げて、広告代理店やブランドコンサル会社と構想をしている段階にあった。そこでもなじみのないマーケティング用語がどんどん出てくる。これにも焦った。これまでのキャリアで身に付けてきたものだけでは太刀打ちできない世界に入り込んでしまっていた。

そこで、MBA（経営学修士）を思い出した。初めてMBAを知ったのは、最初の転職の時だ。設計の仕事を探しながらも、もう一つの自分の可能性も探っていた。もともと経営に興味があったので、ボストンコンサルティングにも履歴書を送っていて、思いがけず最終面接まで進むことができたが、採用までには至らなかった。その後は建築と不動産の世界にはまってしまっていたから、すっかりMBAのことは忘れていたのだ。

MBAについて改めてインターネットで調べていると、仕事を続けながらオンラインでMBAを取得できるビジネススクールがあることを知った。従来、MBAを取るには仕事をやめて海外に留学して学ぶしかなかった。費用も膨大だ。商社のエリートサラリーマンで幸運な者だけが会社費用でMBA留学できるというイメージがあった。それがオンラインでできるなら、可能性がある。

費用を計算すると授業料だけで300万円くらいだった。決して少ない金額ではなかったが、折からのファンドバブルの恩恵で給料もかなりアップしていたから、払えない額ではなかった。今だ、と思った。オーストラリアのゴールドコーストにあるボンド大学の学位が取得できるコースで、大前研一氏がその学校とオンラインで講義できるシステムを実現していた。

今でこそ、文部科学省がオンライン学習の制度化に動き始めたところだが、すでに20年前から実行していたところがあったのだ。それにしてもまだSNSすら普及する前の時代に独自のSNSのような仕組み（エアキャンパスと呼んでいた）を使ってディスカッションなどしていたから、その先見性には驚嘆する。

MBA方式でブランディングをやってみた

ボンドMBAの一番の利点は、仕事をしながら無理なく学習を進められることだった。どの講義をいつ履修するかも自分のペースで決められるし、講義はすべてオンライン動画で視聴できるから、空いている時間で勉強できた。ネット環境がそろえば場所も問わない。同じクラスには海外赴任先のヨーロッパから授業を受けたり、山の中でキャンプをしながらディスカッションに参加したりといろいろな人がいた。時差も関係なかった。普段付き合うことのない業種の人ばかりで、それもいい刺激になった。

会社には、自分がMBAの勉強をしていることを悟られずにひっそり取得できるのも人気の理由だった。ＭＢＡを取ろうとしていることがバレると、周囲に警戒されてしまうと考える人も多かった。まるで隠れキリシタンかのようだが、それくらい皆真剣に勉強していた。ＭＢＡの学習ではケーススタディーが多い。実名の企業の財務諸表を分析して、課題解決の議論などをするわけだが、ついつい自分が身を置いている会社のことも一緒に考えてしまう。だから一層、真剣みが増す。新しい講義を受講するたびに視野が広がり、仕事の仕方もどんどん変わっていくという声をよく聞いた。

私の場合は、マーケティングの講義で学んだことを、さっそくパシフィックのブランディングプロジェクトに応用しようと試みた。しかし、過去の事例でそのまま使えそうなものがなかった。まだ不動産ファンドの企業でブランディングを本気でやっているところはなかったのだ。もともと不動産企業は黒子のような存在で、ブランディングが難しいとされていた。さらにファンドの会社でもあり、より一層複雑だ。例えば、ターゲットとなる顧客層を定めようにしても、顧客が誰なのかすら明確でなかった。物件の取引をするデベなのか、オフィスビルやマンションを利用するテナントなのか、あるいは投資口（ＲＥＩＴでいう株式に相当）を買ってくれる投資家なのか。

私はまず社内の各部署を回ってヒアリングし、多様な想定顧客に対してどういうブランディングをすべきなのか戦略をまとめた。「戦略」という言葉を使うところがすでに私がMBAの影響を強く受けていたことを物語るが、その評判はよかった。

ちょうど業界内が競合の乱立で有象無象の状況になりつつあったから、そこから一歩抜きん出たいという切実な思いがどの部署でも共通していた。その思いを意識して戦略を書いた。最終的には会社から5億円の予算を引き出し、テレビCMまで作った。このような会社のCMの先例がなかったらしく、テレビ局の審査機関がどういう法律の広告規制を配慮しなければならないか悩むほどだったと聞いた。

自社のファンドで運用する賃貸マンションに「パシフィックレジデンス」という名称を統一してシリーズ化していた。それを前面に出した広告を展開した。キャッチコピーは「あえて買わない主義」だ。分譲マンションの広告が年々派手になっていたのと対照的に、賃貸マンション業界はおとなしかった。そこに「あえて」を付けて挑戦的なコピーとした。このテレビCMが流れると、取引先の分譲マンションのデベからはやんわりと批判されたものだが、賃貸仲介をメインとする会社などからは喝采の声が上がった。しかし、戦略の第一弾が終わり、次をと考えていたところにリーマンショックだ。その後、会社はなくなり、ブランドも消えた。残ったのは、思い出と私の経験だけだ。広告宣伝に大金をつぎ込むことのむなしさも感じた。

アセットマネジメントはお金だけではない

タイタニック号から脱出するかのように転がり込んだパシフィックと同業のシンプレクス・インベストメント・アドバイザーズ（後にヒューリックに吸収合併）。同社はリーマンショックの荒波に耐えていた。その要因の一つは、運用している不動産がパシフィックと異なり、ほとんどがオフィスビルだったこと。とはいえシンプレクスもリーマン不況の影響をじわじわと受け始めていた。オフィスビルや商業施設のテナントは、契約時に決めた入居期間もあるのですぐに退去はしない。だが、不況が長期化しそうと判断すれば、更新せずに出ていくことになる。オフィステナントは、ビルの何フロアもまとめて借りていることが多く、場合によっては一棟自社ビル使用しているケースも少なくない。そのテナントが抜ければ、賃料収入は0になる。

ファンドは通常、ほとんどを銀行などからの借り入れでビルを購入していて、その融資条件として収益が一定比率まで下がった場合に全額返済を要求される契約（コベナンツ）

となっていることが多い。収益が下がれば、新たな資金をどこからか調達しなければ返済不能でデフォルト（債務不履行）となる。資金調達手段として、保有する不動産を売却する方法があるが、その不動産にかかっている借金を返せないほどに不動産の価格が下がってしまっている場合（すなわち債務超過）は、これもできない。一つが手詰まりとなれば、運用会社としての信頼は失墜し、負の連鎖に陥る。不動産投資も簡単ではない。

シンプレクスでの私の配属はファシリティマネジメント（ＦＭ）部だった。日本でＦＭといえば、一般企業の総務部か設備会社のようなイメージだが、実際に業務に携わってみると、不動産ファンドのアセットマネジメント（ＡＭ）においてＦＭが重要だということがよく理解できた。

ＡＭとは、シンプルにいえば、出ていくお金と入ってくるお金（キャッシュフロー）をコントロールして、うまく資金繰りをしていくこと。収益が上がれば物件そのものを高く売れるようになるし、その分フィーも上がる。一方、ＦＭ部が担うのは、そのうち修繕費など維持管理のためのコストコントロールの部分だ。状況によっては年間の収益の何倍もの費用がかかる場合もあり、意外にファンドの生死を分ける重要業務なのだ。

特に大型のオフィスビルは集中空調システムなど大がかりな設備機器を抱えていて、時期が来れば巨額な出費になることが避けられない。劣化による修繕もあれば、積極的に設備改修をしてテナントの満足度を高める攻めの投資も必要だった。これらの支出を総称して「キャペックス（CAPEX）」と呼んだ（税務上の資本的支出という用語もあるが、これよりも広義の意味で用いた）。物件購入時の支出を初期投資というのに対して、キャペックスは追加投資と言い換えることもできる。建物のリノベーションという言葉があるが、不動産投資の観点では、それは追加投資でもあるし、キャペックスでもある。

シンプレクスのファンドの運用資産（保有しているビルの価格の合計）は何千億円もあり、私の担当分だけでも2000億円はあった。多くの不動産が全国にあった。担当になって一件ずつ視察していったが、全部見て回るのに1年かかった。ビルごとの管理はプロパティマネジメント（PM）会社に委託してあり、さらに建物の清掃、点検などの業務はビルメンテナンス（BM）会社が、テナントの募集などはリーシングマネジメント（LM）会社が実施する。それぞれの機能をPM会社が有していて一式受託することもある。大規模な改修工事などを行う場合には、その工事のコンストラクションマネジメント（CM）会社を起用する場合もある。

ところで、私が所属したFM部は、AM機能の一部だが、FMが進んだ米国では、一般企業内で独立した権限を持ち、工場や物流施設などの自社の不動産を戦略的に活用して、成果を上げている。日本企業は全般的にこの機能が弱いと感じる（日本の役所にも公共施設を有効活用するＦＭのノウハウが必要と感じる）。いずれにしても、関係者も多く複雑で、ボリュームも多い。毎日のように修繕工事の決裁が必要で、手続きも煩雑。さらに、期末ごとに集計をして、それに基づいて翌年の予算を立てることもしなければならない。エクセルシートでは限界があった。

ちょうどＭＢＡの講義で「経営情報システム」について学んでいた。そこで初めて「クラウドコンピューティング」を知った。従来、会社のシステムは多額な費用をかけて独自に構築しなければならなかったが、クラウドならコストを劇的に抑えられる。この頃、すでに業界専門のクラウドアプリもあったのだが、シンプレクスの業務フローに沿わなく、見送られていた。それなら私が独自に作ってみようと考えた。

いろいろ調べるうちに、データベース構築を自由にカスタマイズできるクラウドアプリを見つけた。サンプルを使ってみると実に簡単だった。専門のプログラミング言語などを知らなくても問題ないアプリだったが、中学生のときにパソコン少年だった経験が多少生きたかもしれない。「1億円のシステムを月額5万円で実現できます」と社長に提案したら、びっくりされつつ、即承認が出た。それから約2カ月間、本業もそっちのけでプログラミングに没頭。新システムが完成して導入してみたところ、これまでエクセルシートに記入して、決裁印を押してからPM会社に送信して保存して、というような業務がワンクリックで済むようになった。

私が作ったシステムには「Ｋｎｏｗｇｈｔ（ノウト）」と名付けた。知る（Ｋｎｏｗ）と考える（Ｔｈｏｕｇｈｔ）を足し合わせた造語だ（後に、家いちばのロゴデザインを考案した白石貴大さんのアイデア）。ノウトの名前の意味に込められたとおり、このデータベースは単に事務処理の効率化だけが目的でなく、蓄積されたデータをリアルタイムに統計分析しやすくする、すなわち「考える」ことを狙ったものだった。

毎年、翌年の予算策定の時期は、議論がまとまらず皆が疲弊していた。そこで、ロングライフビル推進協会（ＢＥＬＣＡ）の公開データなどを参考に、ノウトで分析した過去の実績値に基づいた長期修繕の予測モデルを独自に考案し、それを予算策定ミーティングで使うようにした。すると、意思決定が一気にスムーズになったのだ。むしろ、やるべきことの優先順位が明確になり、不況の厳しい時期ではあったものの、「今こそやるべき」攻めのリニューアルを企画する雰囲気ができたりした。皆の士気が上がった。私自身もこのデータ分析に興味があった。

この頃、MBAでのファイナンスの講義も終わり、頭の中で理論がほぼ完成した。見えなかった方程式の答えが見えるようになってきた。そしてその理論を裏付ける現実のデータが目の前に豊富にあった。ビルのタイプや築年数ごとに分析していくと、一定の法則のようなものが見えてくる。これだけ膨大で精緻なデータをそろえられる会社もあまりないだろうし、これを学術的なデータとしても広く活用できるのではないかと考えるようになった。ストック活用をやりたいと不動産ファンドに転身してから5年ほど経ったが、ここにきて、やっと日本のストック活用に貢献する手応えを感じることができた。

新築を造りすぎという認識

国土交通省による建築物ストック統計を調べていると、その報告書に小松幸夫先生（早稲田大学理工学部教授）の名前があった。かつて、私が横浜国大の建築学生だった頃、建築材料の授業の先生だった。その小松先生が今はストックの権威として仕事をされていることを知り、さっそくお会いしに行った。しかしながら、全く授業に出ない生徒だったたから、私の顔を憶えていないに違いなかったが、まずはそのことをお詫びしたら、やはり憶えていらっしゃらなかった。それでも、かつての不真面目な生徒が、今は真面目に働いていることに素直に喜んでくれた。

これが私の「社外活動」の最初だった。仕事に直接関係があるかどうかにかかわらず、勤務時間も関係なく、会いたい人に自由に会いに行った。ノウトの実績もあったから、上司は何も言わなくなっていた。この頃、ツイッターも始めた。自然と、同じような問題意識を持った人たちとつながっていくようになっていった。

ちょうど「ハ会」というツイッターから盛り上がって発展したプロジェクトがあった。不動産、建築業界の人を中心に業界横断的にこれからの住宅について議論していた。さくら事務所の長嶋修さんやブルースタジオの大島芳彦さん、当時リクルート住宅総研の島原万丈さんらが主催していた。日本の中古住宅流通の問題やリノベーションの普及などが主なテーマだった。

この会には、新築を造りすぎという共通の認識があった。まさしく仲間がいたと思った。イベントを通じて、これまで知らなかった世界の人脈が広がった。多くは、それほど大きな企業や組織に属しているわけではない人たちだったが、それゆえに個人個人の小さな力からうねりが生じて大きなエネルギーとなっていたように思う。

「コレヨコ」という「これからの横浜を考える」がテーマのワークショップイベントにも参加した。建築家の佐々木龍郎さんや東京R不動産の馬場正尊さんがコーディネーターを務めていた。参加者の中には後にリノベーションスクールで活躍する嶋田洋平さんの姿もあった。コレヨコでは業界以外の一般の人も参加して、都市や街並みについて議論した。心の中で何かがうずき始めた。仕事の傍ら、ボンド大学MBAも修了し、経営学修士の称号を得た。

さて次は何をやろうと考えていた。ファンドも面白かったが、すでに完全に金融庁の管轄で、法整備は進んだが規制は年々厳しくなっていくという状況があった。かつての混沌さと勢いはなくなっていたのだ。その状況で、運用するオフィスやマンションなどのデューデリジェンス（物件調査）をすると、ほとんどの物件が何らかの違法状態（主に建築基準法）を抱えていることも知った。私の実感では、国内の不動産の半数以上が違法物件ではないかと思えた。それくらい法律と実態とが乖離《かいり》していることが分かった。

その数年前に起こった姉歯事件（耐震偽装問題）でもその一端が露呈した。あの問題は解決しているようで今も本質は何も変わっていない。ストックを活用しようとすれば、この問題は避けて通れない。建築基準法は、主に新築を対象としており、既存建物にそれを当てはめようとすると無理が生じる。かといって、大胆な規制緩和もかえって人命を脅かしてしまう恐れがある。難しい問題だが、この問題の解消をライフワークにしたいと考えた。ただし、この業界にいては結局、法制度にがんじがらめになってしまい、身動きが取れなくなる。

そんなとき、会社で早期退職制度の募集が始まった。すぐ応募した。周りにも辞めることを宣言した。しかし、起業をする勇気はまだ十分でなかった。それほどの貯金もなかった。それで、今よりも年収が倍のところに転職して、そこに2年間勤めれば、2年分の生活費をためられると計算した。すぐに転職エージェントに相談して、何社か面接の段取りをしていた。

このとき、東日本大震災（3・11）が起こった。早期退職応募から3日後だった。まさしく地震発生の瞬間、転職の打ち合わせをしていたが、あまりの揺れに驚いて、打ち合わせを中断して丸の内の会社に戻ろうとしたが、エレベーターを使えず、ぼうぜんとしていたところでロビーの大型テレビであの津波の映像を見た。その先は、皆さんの記憶にまだ新しいとおりだ。転職どころではなくなったし、採用もすべてストップされたが、今さら早期退職も取り下げられなくなっていた。これは起業するしかない、いや、起業しろということだと思った。この地震が、私を起業へと背中を押した。

ストック活用をテーマにする会社を設立

思いがけず脱サラとなった2011年の春、エアリーフローという会社を立ち上げた。この社名は、ビジネススクールの卒論に当たる架空の企業のビジネスプランを作成する課題で名付けた社名で、そのビジネスプランがその年度のお手本プランにも選ばれていたから縁起がいいと考えた。それに、ストック活用をテーマにする会社だ。

ストックの問題は、フローが足りていないことに起因していることが分かっていたから、フローを空気のようにさらさら流れるようにしたいという願いと一致していた。具体的な事業の形は、ツイッターでの会話からヒントを得たものがあった。その一つが、小修繕を受け付ける専門サイトだ。ストック活用ビジネスの第一弾として、まず修繕からやろうと考えた。ファンドでの経験から、やるべき修繕が積み残っていると、どんどん悪循環に陥る。だから、小さな修繕でも見過ごさず、こつこつやっていくべきなのだ。

調べると、同様のビジネスを展開しているところはなく、ほとんどはリフォームビジネスで、まとめて高額のリフォームを受注し、修繕などはそのおまけみたいな位置付けだった。どんな小さな修繕でもネットで気軽に注文できる「家修繕ドットコム（現在は休止中）」をスタートした。工事をしてほしい人とそれを請け負う工事会社とのマッチングサイトだ。ウェブサイトはクラウドアプリを使って自分で作った。

最初の注文は、壁に空いた穴を塞いでほしいという内容だった。代金は1万円を少し超えるぐらいだったが、単純に穴を塞ぐにも多様なやり方があって、塞いだ後の壁紙をどの程度まで張り替えるかも依頼主と一緒に考えなくてはならず、工事中も付きっきりになった。これでは儲からないが、この事例をサイトに載せると、次々と同じような穴塞ぎの注文が入るようになった。

そうやってウェブサイトのSEO（検索エンジン最適化）の仕組みを覚えていった。すぐにSEOの効果が出て、ほかの修繕依頼も舞い込むようになった。アクセス数は毎日うなぎ上りになった。しかし、1カ月ほどでアクセスがぱたりとやんだ。原因は全く分からなかった。有料広告であるアドワーズも始めたが、アクセスは増えたり減ったりで、広告費の元を取るのが大変だと感じた。こうやってウェブサイトビジネスを試行錯誤しながら学んだ。

起業直後はわずかな退職金で独立したから、生活費があっという間に底を突きそうになった。我が家には子どもが4人もいて、まだ小さかったが食費もかかりだした。その不安から、妻はもともと独立に賛成はしていなかった。そこで、ボンドMBAプログラムを運営していたビジネスブレークスルー（BBT）が、卒業生向けに開催しているビジネスプランコンテストがあったので、これに挑戦してダメだったら起業を諦めて再就職することを妻に約束した。合格したら、BBTから出資もあるし、賛成してもらうことも約束した。

家修繕ドットコムの事業計画書をまとめて、プレゼンし、結果としてBBTからの出資を勝ち取り、再就職は免れた。この出資が呼び水となり、個人からの出資も受けることができ、さらに銀行からの融資も引き出せた。当時、BBTの代表者に大前研一氏の名前があったことも相当効果があった。

このときの家修繕のビジネスプランには、具体的なアイデアはまだなかったが、将来計画として「中古住宅流通事業」の構想も盛り込んだ。

そんなとき、以前「ハ会」で知り合った村島正彦さん（現・studio harappa 代表）から、国土交通省が進める「既存住宅流通活性化に関する実証実験」に協力してほしいという話があった。消費者が中古住宅に手を出せないのは専門家のアドバイスが足りていないからだという仮説があり、それを検証してみようという実験だった。実際に家を買おうとしている人を集めて、専門家の助言サービスを選択してもらい、アンケートなどを取った。この結果として明確な結論が得られたかどうかは不明だったが、国もこのテーマに課題意識はあるものの、どういう施策を打てばよいのか分かりかねている様子がうかがえた。

私も、このビジネスは一筋縄ではない印象を持った。しばらくアイデアをじっくり模索すべきとした。それでもひとまず「家いちば」という名称だけは考えてあって、ウェブのドメインと商標登録を先に取得しておいた。いつかは実行する決意はあった。まだ家いちばを立ち上げる3年前のことだ。

5 家いちば誕生

手間がかかった「家修繕ドットコム」

小修繕ターゲットに始めた家修繕ドットコムだったが、依頼される工事規模は次第に大きくなっていった。数千円の「スイッチ交換」や数万円の「網戸交換」などから、数十万の「フローリング交換」なども依頼されるようになって、そのうち内装や外装リフォームの一式を頼まれるようになった。これらは数百万の工事だ。内容も次第に複雑になった。単に修理するだけでなく、デザイン的要素が重要な案件ではデザイナーをアレンジして、顧客の満足度を高めた。通常、自宅の外壁塗装工事程度でデザイナーを起用する発想はあまりないが、実際にやってみるとその価値が実感できる。

家修繕のサービスの売りは、複数社に見積もり依頼ができるところにあった。この業界ではどんな工事でも、決まった価格というものは実は存在しない。工事の原価というものは実に複雑なのだ。まず、材料の仕入れ値が卸事業者によって異なる。その仕入れ値も、卸事業者の在庫の状況で常に変化する。そしてその材料を保管したり運搬したりのコスト、それぞれの人件費がかかる。人件費も、正味をはじき出すのも容易ではないし、人が余っているのか足りてないのか、その時々の状況で変わる。工事業者はたいてい複数の現場を抱えていて、それぞれに原価がかかるし、会社の事務業務などの固定費もかかっている。これらを工事費売り上げから捻出しなければならない。

従って、常に同じ業者が安いとも限らない。複数社見積もりは、プロの世界では常識だった。それをサービスとして提供した。そして、公正な複数見積もりを実現するために、「見積条件書」を作成するところがミソだった。これがないと、各社の見積もり条件がバラバラになってしまい、どこが一番安いのか判断が付かない。

家修繕ドットコムは、見積もり条件書作成サービスと呼んでもよかった。ただし、これを作るのにそれなりの建築のノウハウが必要だった。デベのノウハウの中核も、見積もり依頼のところにあるといってもいいくらいだ。このノウハウが洗練されていないと、ゼネコンに安くていいものを造ってもらうことは不可能だ。デベの工事は数十億円規模だが、この発想を数万円の小修繕工事からやってみたのが、家修繕ドットコムだった。工事業者側からすると、きっちりと見積もりを出せば不必要な値引きを何度も要求されることがなく、選ばれるか選ばれないかの一発勝負だから、むしろ利益を確保しやすいと評判だった。ただしこの事業は、正直、手間がかかりすぎて商売にはならなかった。リフォームマッチングをする他社サイトは数多く存在したが、たいてい単なる紹介ビジネスでしかなかった。おそらく、利益を考えるとそういうビジネスモデルになることも理解できたが、私は紹介ビジネスをやる気はさらさらなかった。

エアリーフローでの家修繕ビジネスは、すでにコンサルティングに近かった。とはいえ、コンサルの仕事を引き受ける気は全くなかったのだ。コンサルは自分の時間を切り売りするようなサービスであり、そうではなくて仕組みで商売をしたいとのこだわりがあった。

公平な「購入サポート」コンサルが人気に

あるとき、顧客のほうから「コンサルをやってほしい」との強い要望があった。横浜市内のワンルームマンションの複数フロアを所有するオーナーで、最初は小さな修繕工事だったが、一つが終わると次々にほかの修繕の依頼をされた。

そもそも建物とは常に劣化が進むもので、これは自然現象なので防げない。問題はそれをいつ、どのぐらいの費用をかけてやるべきかというだけのことだ。そのため、不動産のオーナーにとって、修繕は常に悩みの種となる（私もファンドのＦＭでいつもそうだった）。また修繕だけでなく、退去した後の賃貸住戸の内装や設備をどうすべきかも悩んでいた。長引く資産デフレの時代で、賃料もジリジリ下がっていくし、古くなり競争力が落ちてきて入居率も悪くなっていた。さらに、それらに投じることができる資金にも限りがあった。いつもこのことで頭がいっぱいで、眠れない日々が続いている。その状況を何とかしてほしい、と切望されたのだ。

何をやるべきか、そこからアドバイスしてほしいということで、「お金ならいくらでも払う」と言われた。さすがにこれを単に悩み相談として引き受けるわけにもいかなかった。それでは無責任すぎる。契約書を作って、報酬も頂くようにした。これがコンサル業務のスタートとなった。

その後、同じように家修繕の延長でコンサルティングに発展するケースが続出した。このような状況だったので、このときはコンサルはやらないというこだわりは吹っ切れていた。収入が増えたことは正直ありがたかったし、長いプロセスをかけてオーナーと一緒に問題を解決していくことは、最終的な喜びも大きく、やりがいも感じた。

間もなくしてコンサル依頼用の専用のサイトを作り、サービスメニューも整備した。気が付いたら、コンサルティングがメインの会社になっていた。少し意外だったのが、一般的には「日本人はフィーにお金を払いたがらない」と言われるが、全くそういうことはなかった。むしろ、お客のほうから払いたがるくらいだった。

私のコンサルでは「中立性」を重視した。基本的に、私たちは不動産会社でも工事会社でもない、コンサルティング専門の会社としての立場を取った。コンサルの顧客の多くは「どうすればいいか分からない」「誰に頼めばいいか分からない」というところからスタートする。ここで不動産会社に相談すると売ることを提案されるし、工事会社に相談すると建て替えを勧められてしまう。聞く相手によって答えが変わるから、ますます混乱してしまう。私たちはどういう解決方法がよいのかゼロから考える。フィーに関しては、最終的にどういう選択肢に転んでも、当社が受け取るフィーの総額はあまり変わらないように配慮した。これで堂々と中立的なアドバイスができる。

コンサルティングメニューの中では、「購入サポート」というサービスが好評だった。物件の紹介は一切せず、買うか買わないかの判断だけ、一緒に考えながらアドバイスをするというサービスだ。

お客は、スーモなどの不動産サイトから興味がある物件を自分で探してきて、それに対してセカンドオピニオンを聞くようなイメージだ。また、お客のところには不動産会社からいろいろな紹介物件が持ち込まれることもあるが、それに対して「本当に買っても大丈夫か？」という疑問に答えるサービスでもある。3回までは現地に一緒に見に行くこともできる、とした。当社も、当時から宅建業者の免許を持っていたが、このサービスでは仲介業務はせず、第三者であることを徹底した。

初めて不動産投資を検討しているお客には、投資判断の基本から教えた。投資物件には正直ひどいものも多いから、買うよりも「買わない」アドバイスをすることのほうが多かった。不動産投資で失敗してほしくなかったから、フィーを低めにして垣根を下げた。その代わり、自分でやれることは自分でやってもらった。例えば、相場を調べたりするくらいは、その方法を教え、できるだけ自分でやってもらった。物件を比較評価するための一覧シートをエクセルで提供し、これも自分で入力してもらった。こうやったほうが勉強にもなってむしろ好評だった。

お客によっては不動産会社などから物件を紹介してもらうだけの受け身の考え方の人もいたが、その姿勢が失敗する元だから、その考えからたたき直すこともあった。こうした中立性と主体性の精神は、今の家いちばにも引き継がれている。不動産で成功する人と失敗する人の違いがここにあるからだ。

家いちばのアイデアの原点

コンサル依頼の内容は多様だが、その時々の時流が反映されていた。この頃は投資物件の相談が確かに多かった。年金システムの実質崩壊を誰もが感じるようになり、老後資金は自分で確保しなければという考えが広く浸透し、不動産投資がブームのようになっていた。それは今でもあまり変わらないかもしれない。景気が悪くなればなるほど、むしろ盛り上がってくる特殊な需要で底堅い。

これに加え、空き家活用の依頼が多かったのだ。実家の両親が他界し、かつては自分が小さい頃から住んでいた懐かしの家だが、自分は都心のマンションに住んでいて、その実家を何とかしなければならない。これをシェアハウスに転用できないかというような相談だ。ネットなどで調べたのだろう、事前にそういうイメージをすでに持っているケースが多かった。

シェアハウスは年々その認知が広がり、市民権を得るようになっていた。当初は賃料の安さを売りにしたものが多かったが、次第に高級路線も加わり、選択肢が増えていた。これとほぼ同時期に、民泊ブームも起こり、民泊としての活用もその一つだ。ほかにも、高齢者のためのデイサービス施設、コワーキングスペースと用途の多様性は瞬く間に広がった。いずれも、使われなくなった広めの一軒家を活用しようという流れとして一致していた。実際、こうした施設活用は、大企業が手がけるというより、小規模な事業体が運営するものが圧倒的に多いのだ。

その背景には、使われなくなった空き家などの遊休不動産が随所にある一方、フェイスブックやインスタグラムなどのSNSで少ない資本でもプロモーションが可能になったことも見逃せないだろう。クラウドファンディングなど、小口の資金調達の手段も多様化した。いつしかこのような空き家活用のコンサルティングは、事業企画の要素が強くなっていった。

しかしここで言えることは、事業であるが故に時代の変化の影響を大きく受ける。片や不動産とはその場所に長く存在し続けるものだ。従ってその短期と長期のビジョンのバランスを取ることが要になってくる。

投資物件の吟味や空き家の活用などのコンサルティングを通じて感じたことは、まず使いきれない実家を相続で引き継いでしまうケースが今後も大量に生まれてくるだろうということ。さらに、できればそれを安易に壊してしまうのでなく、有効に活用したいと思う持ち主も多いということだった。一方で、古い建物でもむしろそれを味わいとして感じ取って大事にしていきたいという、ユーザー側の購入したい、利用したいというニーズも十分にあることも実感した。

コンサルティングでは、この両者の思いを満たすプランを提案してきたわけだが、一つ一つの物件を手がけていては手間も時間もかかり、これでは私の一生を懸けてやったところで、その数はたかが知れている。ところがこのニーズの大きさはこれからもどんどん大きくなりそうだ。もっと高速回転で空き家の有効活用を促す仕組みがつくれないものか、日々コンサルをやりながら、それを考え始めていた。

コンサルティングとは別途、売買や賃貸の仲介業務も数多く手がけた。不動産の売買・賃貸・仲介の業務は仕組みが出来上がっている。宅地建物取引業法（宅建業法）を根拠として、不動産協会などの業界団体が取り仕切っている。レインズ（不動産業者しか見ることのできない物件サイト）を代表とする流通の仕組みもしっかり用意されている。日本中の不動産会社がこれを使って仕事をしている。しかし、私にはこれらがあまり快適な仕組みではないと感じていた。まず、無駄がとても多いのだ。売れるかどうか分からない物件の内見に、何度も付き合わされる。それに私はセールスが苦手だ。それでも、不動産会社同士は割と仲がよく、マナーがよく礼儀正しく、気持ちがいい。それだけに、仕組みの悪さが気になった。新しい時代の不動産流通の仕組みはつくれないだろうか。自問自答が続いた。

そんなある日、とあるマンションの売却の仕事で、お客のご夫婦がまだ住まわれながら物件を売ろうとしていて、そこに購入希望のご夫婦が内見に来て、私はそれに立ち会った。そのとき、買い手の奥さんから「ピアノの音は聞こえますか？」と質問された。

これは最も答えに困る質問の一つである。「聞こえる」と言えば売れなくなるし、「聞こえない」と答えてしまえば、後でクレームになる恐れがある。ましてや私は、ゼネコンの技術部にいた頃、遮音性の研究をしていたこともあり、音の問題の難しさ、奥の深さは誰よりも知っているつもりだった。しかしここで、そんな技術的な難しい話をしても仕方がない。こういう場合は、「音の問題は個人差がありまして……」と説明しておくのが無難だ。いや、せめて建築学会指針の遮音等級の話くらいはしておくべきではなかろうかなど、私が頭の中で押し問答を繰り返しているうちに、売主の奥さんが「はい、聞こえますよ」とさらりと答えた。「でも、注意したら静かになりました」と言うと、買い手の奥さんは安心したようで、何事もなく別の話題に移ったのだ。

この事件は、私にとってかなり衝撃的だった。これまでのキャリアで培ったノウハウが全部ひっくり返りそうな勢いだった。奥さんの回答が最高の模範的なものだった。しかし、あの説明は仲介の立場ではまねができないものだ。商談の場面では、仲介業者は不要なのではないか、ということに気が付いたのである。言うまでもなく、これが家いちばのアイデアの原点だ。

日本全国に朽ち果てつつある建物や町並み

2015年初頭、今のメンバー（服部慶CFO、長田昌之執行役員）からの声がけもあって、不動産のC2Cビジネスの研究を始めたが、私の頭の中では答えがほぼ出来上がっていた。

改めて市場規模などリサーチし、事業計画書としてまとめた。しかし、何をターゲットにするかで議論が分かれた。私は「売れそうもないボロボロの空き家物件をメインターゲットにする」ことを主張したが、それでは儲からないと反対された。儲からないから競合もあまり現れないだろうし、むしろそっちのほうが市場規模が大きい、と私も譲らなかった。

それならひとまずサイトを立ち上げてみて、試験的にやってみようということになった。ただし、アイデアには自信があったが、そのオペレーションには不安があった。不動産の素人同士に商談を任せて果たしてうまくいくのだろうか。トラブルばかりになるのではなかろうか。実際の契約業務はどのようにまとめたらいいのだろうか。全国各地の物件を調査に行く交通費に一体いくらかかるのか。恐らくすべてを懸けてこれらのリスクに正面対決していく勇気はなかったが、幸い当時はコンサルの仕事がピークといっていいくらい忙しく、順調だったから、あくまでも「サイドビジネス」としてソフトスタートするノリだった。ある意味、息抜きのつもりで始めたのだ。

「こんなの見たことない」というサイトになれば面白いと思った。そうでなければやる意味がない。これまでコンサルの仕事をしながら撮りだめしていた全国各地のボロ物件の写真をサンプルとして載せて、画面いっぱいにレイアウトした。こうして、2015年10月に家いちばのサイトはスタートした。

最初の投稿がいきなり「郵便局」だった。それから瞬く間に「蔵」や「味噌工場」など変わった物件の投稿が相次ぎ、SNSでも話題となった。アクセスもどんどん増えた。普通の空き家にも、それを買いたいという問い合わせが殺到した。売主の言い値だったから、割安感もあったのだろう。

仕組みも徐々に整えていった。問い合わせは多かったのだが、最初に物件が売れるまでには半年以上かかった。それくらい仕組みが追い付くのに時間がかかったのだ。そうはいってもマスコミの目にも留まり、新聞、雑誌、テレビとあらゆるメディアからの取材依頼が殺到し、すべてに対応できないほどになった。

手伝ってくれるスタッフを少しずつ増やしながら、掲載件数も増やしていった。スタートして3年目くらいまでは、すべて独りで全国の成約物件の現地調査で飛び回っていて、1年間で60カ所ほど出張に出かけていた。ほとんどが聞いたこともないような田舎だ。いちいち東京に戻る暇もなく、さすらうように行ったきりの時期もあった。

大学の頃の日本一周旅行と重なることがあり、30年ぶりに見る景色もあった。しかし同じ景色でも、時を経て、私の見る視点が変化していることにも気付いた。幼少期に育った九州の田舎の風景とも重なることがあった。相変わらず、日本は美しいと思った。一方で、どこに行っても、見るからに空き家となって朽ち果てようとしている建物や町並みがあり、このままではいけないと危機感を感じながらの行脚だった。

家いちばをやっていけばこれらを守れる、もっともっと家いちばを広めていきたいと気持ちを新たにした。その一方で、まだ自分独りで何でもやろうとしているところがあった。これは私の弱点だ。なかなか人に任せることができない。そんなとき、右足首を骨折してしまった。出張先での出来事で、帰ってくるのも大変だった、全治2カ月と診断され、ギプスと松葉杖の生活となり、クルマの運転は不可能で、出張にも行けなくなった。それでもちょうど1カ月ほど前から2人体制をスタートしていたから、何とか家いちばを止めずに済んだ。

この事件をきっかけに、家いちばを自分独りのビジネスに留めないで、組織体制を拡充して、成長軌道に乗せるべきと気持ちを切り替えることとなった。その半年後、時代が令和となった2019年5月に家いちば株式会社を設立して、新たなスタートを切り、今に至る。

多くの社会問題に取り組んでいく家いちば

このように、私の半生はあたかも家いちばという事業を始めるためのものだったかのように、さまざまなエピソードがこの事業のコンセプトとして昇華している。

今回、「幸福論」というタイトルの本を書くことになったことも偶然ではなかった。MBAのビジネススクールで学んだことも大きく影響しているのだ。そのカリキュラムの中にハピネス（幸福）をテーマにする講義があり、驚かされた。マーケティングの講義の一環という位置付けだったが、経営者が考えなければならないこととして、体系的な内容となっていた。すでに何年も前から、米国の大学では学生の人気講座になっているということだった。同じスクールの卒業生の中でも一番好きな講義だったと皆が口をそろえるほどだった。

全体のカリキュラムの中でも終盤でこれを受けるのだが、それまで一般的な経済理論を学んできた脳ミソにとってかなりのインパクトだった。それでもなぜかストンと腹に落ちた。「暴走する資本主義」についても学んだ。すなわち、これまでの資本主義の延長ではいずれ行き詰まるという内容だ。お金や数字だけが力を持つ世の中を誰も望んでいない。

それは、ＭＢＡ以前に、生徒の多くが日々実感していることだった。会社や組織が目指すべき究極の目的は何なのか？　その答えがここにあるように感じた。資本主義は人々を豊かにしたが、本当の幸せにしてきたか。そして、その上で、企業は社会や従業員などに対してどうすべきか、どうあるべきかということも改めて考えさせられた。

経営学者のマイケル・ポーターは「成功する企業は健全な社会を必要とし、健全な社会は成功企業を必要とする」（Strategy and Society/Harvard Business Review〈2006〉Michael E.Porter,Mark R. Kramer）と説いた。私は、自分がつくるならそういう企業にしたいと思ったし、そういう社会を目指したいと思った。家いちばは、多くの社会問題に取り組んでいくつもりで始めた。詳しくは次の第4章で説明していくとする。そしてその先に、多くの人々が幸せを感じられるような社会があると信じて、それを目的としていきたい。

＼古い家が好き／

古民家特集

日光の茅葺屋根の古民家カフェ

栃木県日光市 土地 107㎡ 価格 3500万円

加賀山温泉にある古民家

石川県加賀山市

土地 386㎡ 価格 2800万円

民泊で使ってきた戸隠の古民家

長野県長野市

土地 168㎡ 価格 600万円

花が咲き乱れる山里の古民家

大分県中津市 土地 247㎡ 価格 1250万円

離れと土蔵もあります

兵庫県三木市 土地 78㎡ 価格 2480万円

築100年の古民家に蔵と小さな畑(土間に竈と井戸)

京都府伊根町 土地 53㎡ 価格 380万円

母屋、囲炉裏の古民家(土間付き)

茨城県常陸太田市 土地 85㎡ 価格 380万円

築60年の能登の家

石川県七尾市 土地 200㎡ 価格 75万円

明治時代に建てられた大きな梁のある古民家

広島県庄原市 土地 1054㎡ 価格 300万円

茅葺屋根を維持してくださる方を探してます

福島県福島市
土地 279㎡ 価格 8500万円

第4章

空き家が動けば
社会も幸せになる

1　空き家は本当に「問題」なのか

空き家が動けば大きな市場が生まれる

空き家の増加が言われ始めて以降、さまざまなメディアが空き家を取り上げてきた。論調の大半は空き家は問題であるというものだが、本当に空き家は「問題」なのだろうか。

これまで説明してきたように、家いちばは空き家や少し変わった不動産など、これまであまり不動産の売買市場に出回らなかったような物件を掘り起こし、市場に流通させることをやってきた。今後もさらに広がっていく勢いだ。すなわち「売れない」とされていた空き家が、予想に反して売れているのだ。流通し始めればそれが所有者のみならず、地域や社会にもインパクトを与えていくはずだ。その動きを見ていると、必ずしも空き家は「問題」ではないと思えるのである。

まず、空き家問題について少し振り返っておきたい。10年くらい前から、空き家問題を取り上げる新聞などの記事が増え始め、今やテレビや雑誌で頻繁に特集が組まれるほどの

【図4-1】空き家の推移

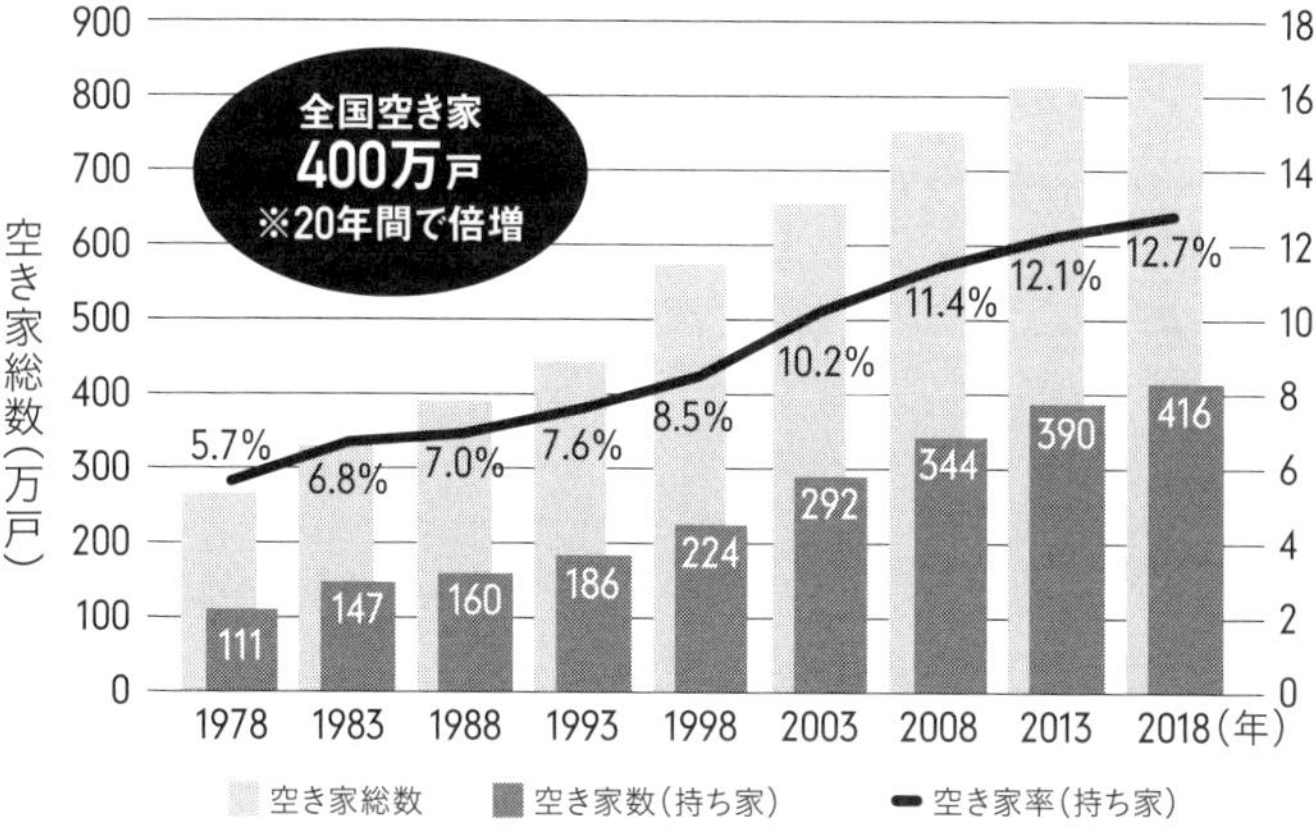

出所：総務省「住宅・土地統計調査」を基に作成

社会問題の代表格となっている。グラフを見れば一目瞭然。この20年ほどで空き家数がほぼ倍増しているのだ【図4-1】。

問題の兆しはさらに昔からあり、以前からずっと増加傾向が続いていたが、その勢いは衰えず、ついに一軒家の8軒に1軒（13％）が空き家という状況になっている。こうなると、さすがに国民の多くの人にとって身近な問題となってきていると思う。

近所にごみ屋敷のような空き家があったり、それが倒れてきそうで危険な状態だったり。それほどでなくても、空き家の持ち主となってしまった人にとっては、管理が大変にもかかわらず、売るにも売れず、税金だけがかかるお荷物状態となっているのだ。

空き家の増加は人口動態とも関係している。ご存じのとおり、日本の人口が減少に転じて久しい。晩婚化、非婚化、少子化が進み、人口の自然増加が年々減っている。それに加えて、かつての人口大量増加時代に生まれてきた世代の人たちが寿命を迎える時期になってきて、死者数も年々うなぎ上りだ。なんと年間に130万の日本人がこの世を去っている【図4-2】。これはさいたま市の人口分が毎年丸ごと消えている計算だ。

人口は減っているが、実は世帯数は増え続けていて、これがかろうじて空き家の増加を食い止めている【図4-3】。

人口が減っているのに世帯数が増えている原因は、その統計の内訳を見るとよく分かるのだが、世帯当たりの人数が減っているのだ。80年代は平均で3人家族だったのが、今では2人程度になっている。さらに細かく見ると、増えているのは単身世帯だけで、それ以外の世帯は合計で横ばいになっている。すなわち、総人口は減っているが、独り暮らしが増えることで、住宅の余剰分を多少相殺している状況だ。それにしても、独り暮らしの増加はライフスタイルの変化でもあるが、全世帯の3軒に1軒に当たる34%が単身世帯となり、この中には高齢の独居老人も多く含まれることを思うと、考えさせられる。

【図4-2】日本の人口推移

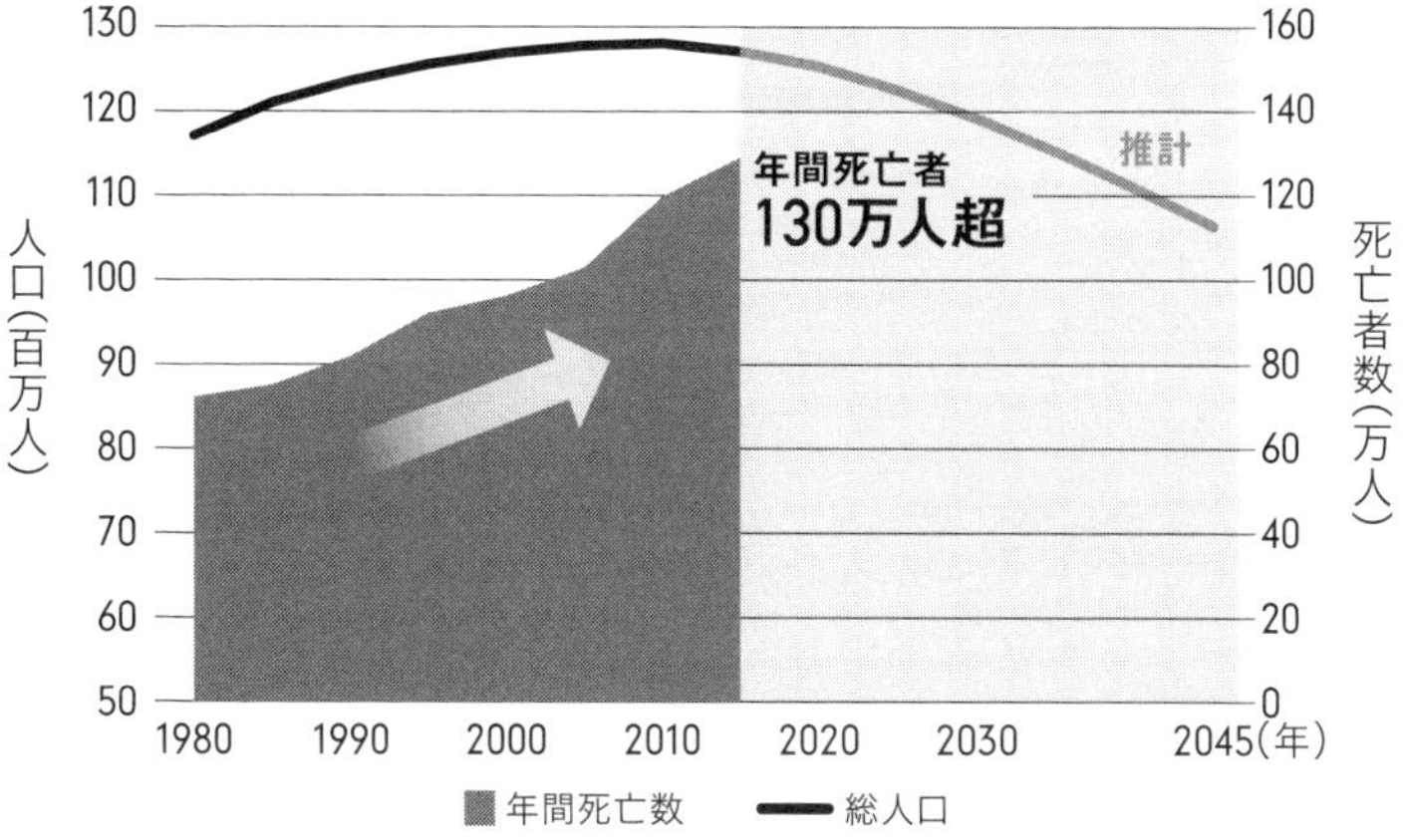

出所：総務省「人口統計」を基に作成

【図4-3】世帯数の推移

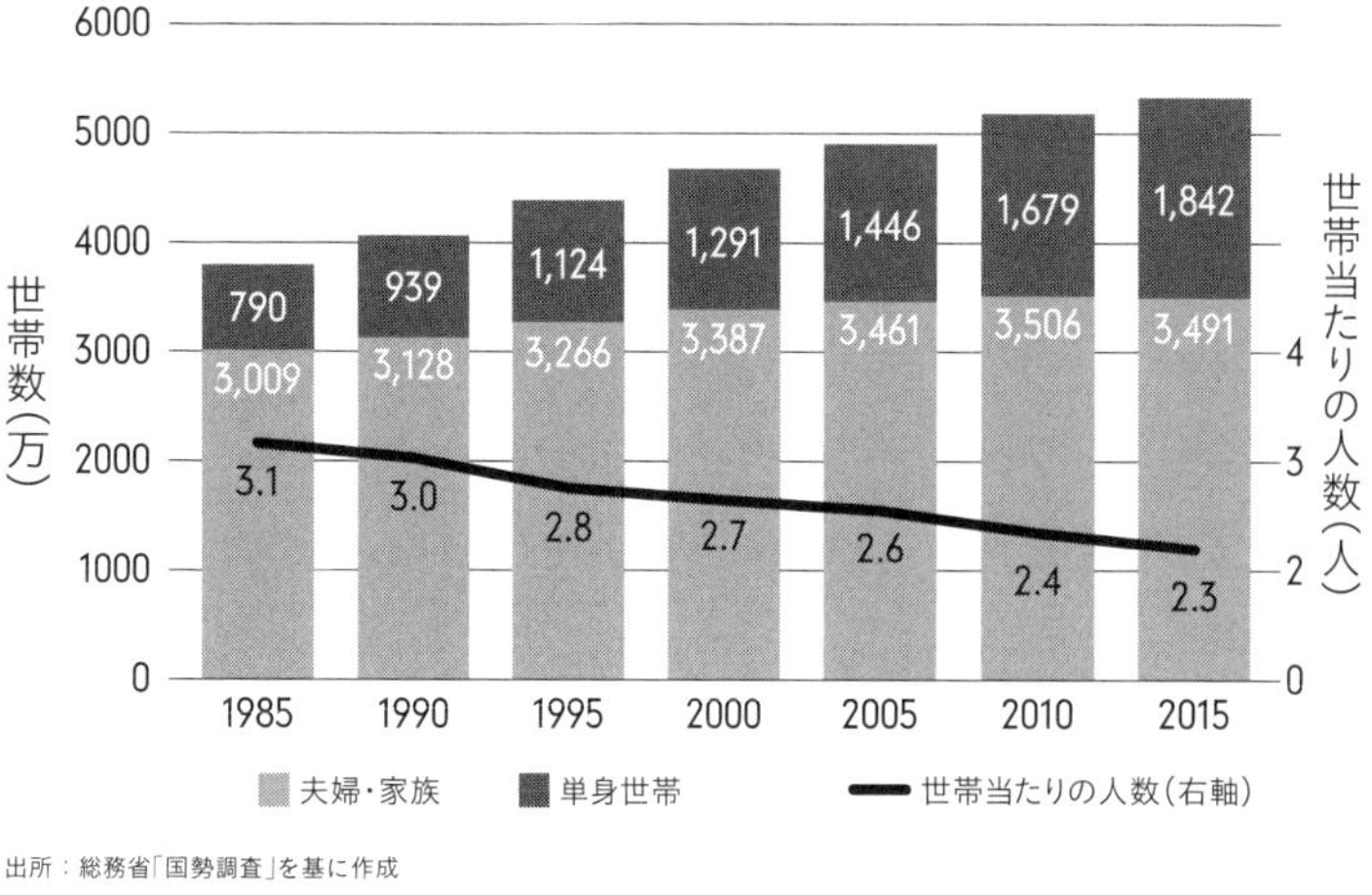

出所：総務省「国勢調査」を基に作成

一方でこういう状況であるにもかかわらず、新築住宅の供給量は減っていない【図4-4】。ピーク時からはいくぶん減ってはいるものの、今もって毎年100万戸近くの住宅を造り続けているのが日本の住宅産業なのである。住宅メーカーや分譲マンション会社、賃貸アパート建設会社などがその供給者だ。

私もかつてその業界に身を置いていたのでよく分かるが、造れば一応売れるから、商売として成り立つ。ニーズもある。新しく家を買う人の8割以上が新築を買うか建てるかのいずれかなのだ【図4-5】。

「中古住宅は売れない」「日本人は新築が好きだ」とまことしやかに言われる。人口が減る一方で、住宅は相変わらず大量供給され続けている。これでは空き家が増えるのも当然だ。

しかも、この流れは急には変わらない。建設業で働く人は全就業者数の1割近いし、住宅供給による家電などの派生需要も含めると住宅産業はGDP（国内総生産）の何割かを占める業種である。目先の景気対策を優先する政府は、むしろ新築供給を後押しするスタンスにある。歴史的に業界の政治への影響力も大きい。そのしわ寄せとして大量に空き家が発生し続けるという問題が生まれているのである。

【図4-4】新築住宅着工の推移

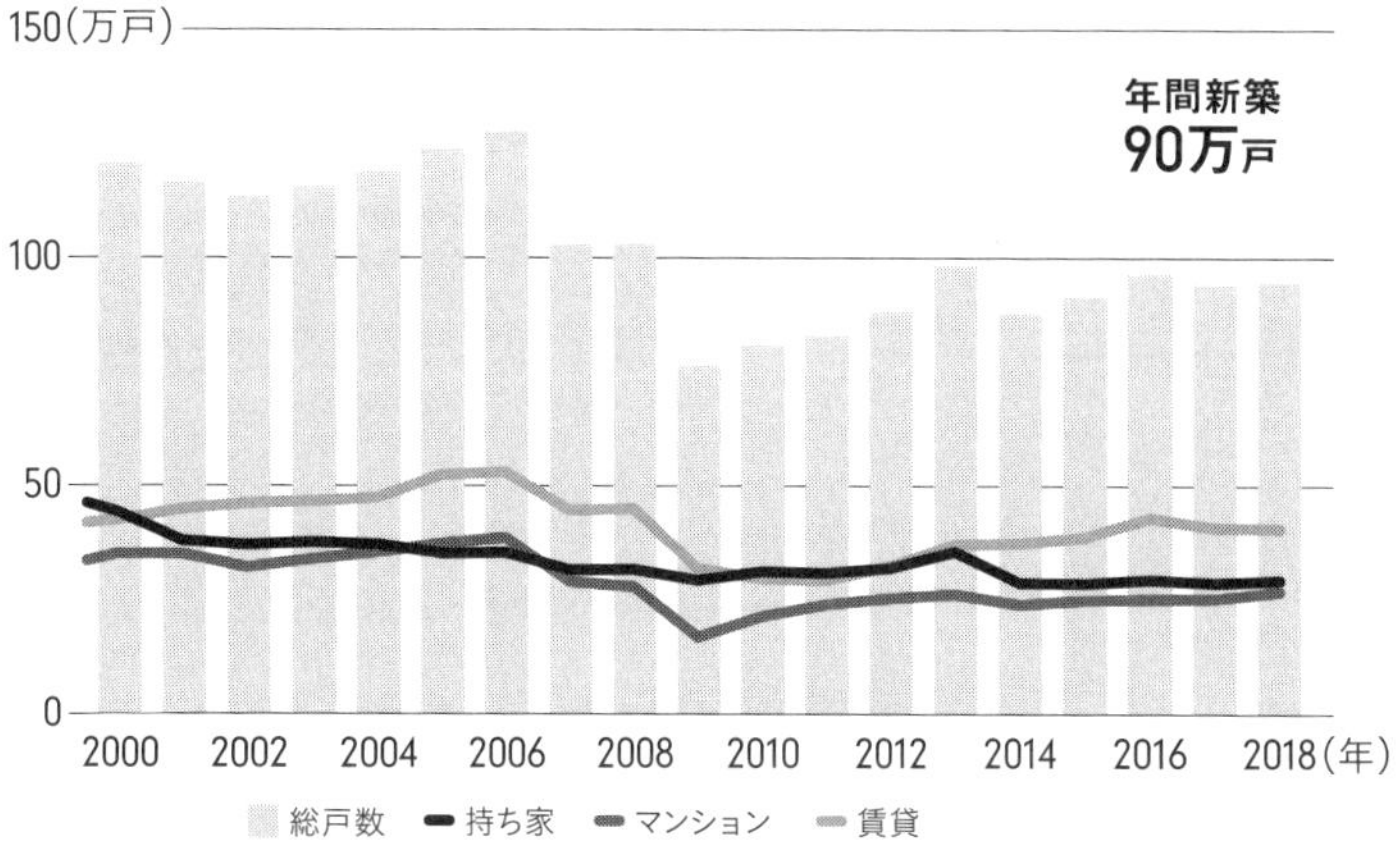

出所：国土交通省「住宅着工統計」を基に作成

【図4-5】住宅取得の内訳

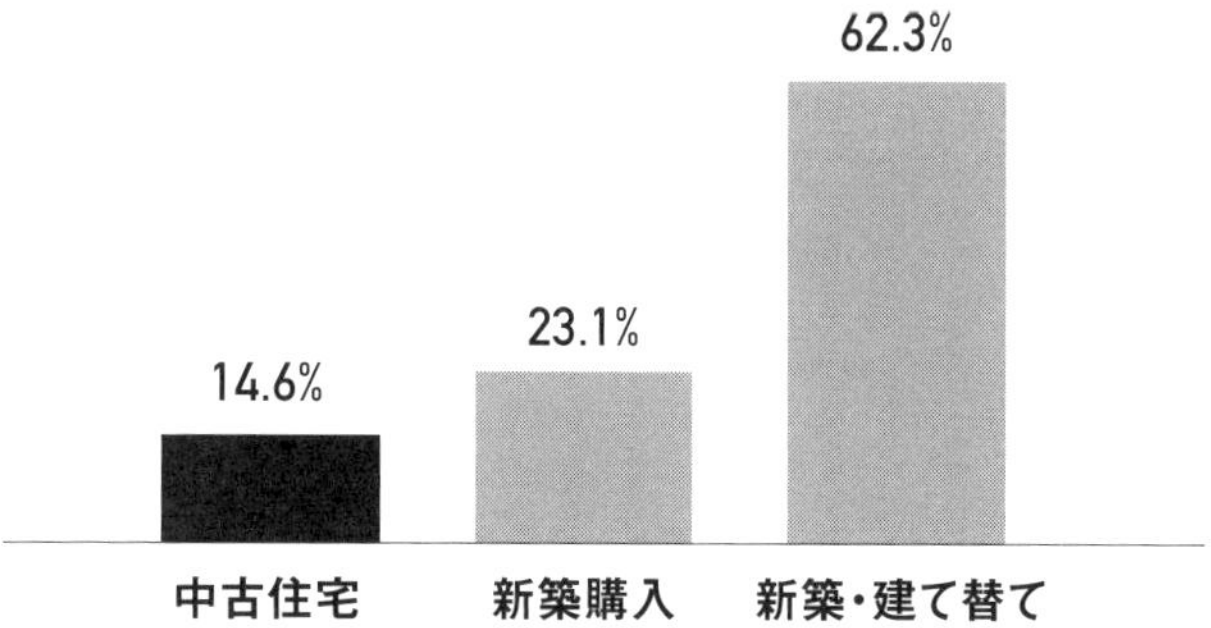

出所：国土交通省「住宅・土地統計調査」を基に作成

それ故、今後も空き家は増え続けるだろう。田舎の実家に独りで暮らす父親や母親が亡くなったら、その実家はもれなく空き家となる運命だ。そういう遠く離れた田舎の実家を抱える都心勤務の会社員の人がたくさんいるのではないだろうか。空き家問題は、明日は我が身なのである。

しかし、家いちばをやってみて分かったのは、そんな空き家でも欲しいという人が実はたくさんいるということだ。空き家が売れる仕掛けについては第2章で詳しく紹介したが、はっきり言えば価格の問題が大きい。要するに、安ければ買いたい人がいるのだ。「当たり前だ」と言われそうだが、これまで安く売ろうとしてもそれを売る手段があまりなかった。

不動産を売り買いする仲介業務を担う不動産会社は、国の宅地建物取引業法の規制により、その報酬額に上限を設けられている。報酬の計算式は売買価格の何%と決まっている。つまり、取引の価格が低くなると、報酬も少なくなる。0円物件だと、取引を仲介しても報酬は0になってしまうのだ。しかし、0円でも1000万円の取引でも、仲介業務の仕事量は、はっきり言ってあまり変わらない。だから、この計算基準がそもそもおかしい。

しかし、そんな格安物件を扱いさえしなければ、この報酬基準のおかげで堂々と顧客から手数料を受け取ることができるため、不動産業界からあえてこの制度そのものに異論を唱える者はほとんど現れない。それでもさすがに空き家問題が議論されるようになって、2018年に法改正があり、低廉な空き家に限っては、仮に0円の取引でも18万円を上限として売主から手数料を受け取ることができるようになった。ただこの程度では、空き家を積極的に扱おうとする不動産会社がなかなか増えてこない。報酬規制そのものを撤廃すればとも思うが、そうなると報酬金額の激しい自由競争が始まりかねず、それを恐れる業界は猛反発するだろう。一筋縄ではいかない問題である。

家いちばを始めた当初は、ひとまず採算度外視で、恐る恐る格安物件を扱いながら、いろいろ試行錯誤もしながら利益を出せる仕組みをつくってきた結果、「安ければ売れる」という真実をつかんだ。家いちばという社会実験をやってきたといってもいい。

まず、0円で売り出せば、どんな田舎のボロ家でも、問い合わせが殺到して、すぐ100件くらいの購入希望者が集まる。買いたい人が集まって競争状態になったのなら、実際の取引は別に0円でなくなるかもしれない。

家いちばでは「100万円未満」物件専用の特設ページを用意しているが、アクセス数は常にトップクラスで、すぐに売れてしまうからいつも品不足で困っている。私は、この価格帯はさすがに安すぎると感じている。それ以外の価格帯でも、割安感があれば問い合わせは殺到する。その結果、売り出し価格より高く売れることもある。もちろん、売り出し価格より安く決まることもある。

価格交渉は売り手と買い手で自由にやってもらっている。たいてい、一つの物件に買い手が複数現れて、その中で自由競争をしているから、価格もいいあんばいに収まる。路線価や評価額など、一般的な不動産の査定額とは全く無関係なところで価格が決まっている。

しかし私は、これが究極の相場価格と見ている。問い合わせが少なく、何カ月も売れ残っている物件もある。そういう売主には定期的にレポートをして、価格の見直しを促している。なおかつ、売主が、いつでも自由に価格変更できるようにしている。価格を下げると、問い合わせが増えたりするから、その反響を見ている売主には相場感覚が自然と身に付いてくる。どうしてもいくら以上で売らなければならないなどの事情がなければ、売れるギリギリまで価格を下げていけば、いつかは売れるのだ。

仮に0円でも売れなかったら、「マイナス価格」もあり得る。これは「もらってくれたらお金あげます」というものだ。そうやって、もし際限なく価格を下げることができれば、想像するに売れない物件はないといっていいだろう。

従来、不動産は「売れる物件」と「売れない物件」とで線引きする感覚があったが、この理論でいくと、日本中のすべての物件は売れる物件に変わる。これは、革命的な大発見だ。この瞬間、何十兆円という新しい市場が生まれたことになるのではないか。この巨大市場を、業界の人たちも国もこのまま放置しておく気だろうか。空き家流通に本気で取り組むことが、日本経済の活性化につながる可能性があるのだ。

やるべきことは、報酬の基準をちまちま変えることではなく、もっと自由に売買価格を調整できる「市場による価格調整機能」をつくること。不動産会社が独占的に関わって価格を設定するのではなく、もっと大きな市場による価格調整を可能にすることこそが必要なのである。家いちばは今、先行してその課題に挑戦している。国が動かなくても、空き家問題はすでに「問題」ではなくなりつつあるのだ。

町並みを守る空き家流通

かつてにぎわった地方都市の商店街の疲弊が著しい。大半は今やシャッター街となって寂れてしまっている。郊外のロードサイド店や大型ショッピングセンターに押され、従来の商店街に人が来なくなってしまった。自動車が生活の足として定着してしまえば郊外型の店舗のほうが使い勝手がいい。

一方で、クルマの運転ができない高齢者などは田舎では住みづらくなっている。そのためどんなに高齢になってもクルマの運転が手放せず、高齢ドライバーによる事故が社会問題になっている。さらに最近では、かつての勝者であったショッピングセンターですら破綻や撤退が目立つようになった。そしてまた、インターネットによる買い物やサービスの提供、あるいはコンビニエンスストアなどの普及で、地方でも生活に困ることはなくなってきている。昔ながらの商店がどんどん閉鎖されていく寂しさはあるが、時代はニーズに合わせて進化していくものだ。

ところが、家いちばではそんな時代の流れと無関係な動きが見られる。シャッター商店街の店舗でも売れているのだ。

例えば、鹿児島市からクルマで1時間の人口3万人ほどの地方都市、いちき串木野市は最盛期からすると人口は6割ほどに減少。市内の中心部で栄えていたアーケード跡は今は廃墟のようだ。

その商業地の一角に築40年の鉄骨造3階建てのビルがある。かつては2階、3階に座敷、1階に厨房があった飲食店で、10年くらい前から花屋に変わっていたが、花屋を経営していた父親がなくなり、相続した娘がこの建物を100万円で売り出した。

写真で見ると寂れた商店街の一画である、商店として続けることは難しいように思えたが、大阪や長野から購入希望者が現れ、最終的に東京在住の人が購入した。

購入者、山本幸次さん（仮名）は東京都内に在住だが福岡県出身で鹿児島にある高校に通っていたことがあり、今も鹿児島県内には友人もいる。その観点で見ると立地は悪くないと思えた。「鹿児島を中心に数多く出店している『タイヨー』というスーパーが隣にあり、向かいは公園。『タイヨー』が出店している場所なら人出はそれなりにあるだろうし、公園があるなら最悪、解体してファミリー向けに住宅にするという手もある。購入前に2度現地に行き、思っていたよりも人出は少ない印象を受けたが、手頃な価格でもあり、購入を決めた」。

山本さんは首都圏での不動産投資に始まり、ここ何年かは関東から福岡、北海道、京都など日本の広い範囲で住宅を探しており、ゆくゆくは多拠点居住の拠点として提供するビジネスを模索している。この物件もそうした使い方を意識しつつ購入。現在は使ってくれる人を募集している。

「内部は自分でＤＩＹ、それ以外の躯体などで必要な分は資金が投じられるような運営を一緒にできる人を探している。空いたままにしておくよりはタダでもいいから、地元で活動している人などに使ってもらえればとも思っている。社会が停滞している時期には難しいかもしれないが、長い目で考えて活用するつもりなので、地域の人たちが動き始めたときに役に立てばよいと考えている」

長野県と岐阜県の県境付近にある岐阜県中津川市の、木曽路のかつての宿場町にある築45年の鉄骨造3階建ての割烹料理店舗の例も興味深い。この建物は老朽化が激しく、「手数料程度」の価格で売り出したところ、120件の問い合わせがあり、30万円で売れた。

購入者の田宮悠人さん（仮名）は物件から1時間とかからない場所に住んでおり、現地には詳しいとは言わないまでも土地勘があった。駅に近いことを考えると利用価値はあると判断。建物も十数年前から戸建てを購入、リフォームをして賃貸に出すということを続けてきた経験からかなり手を入れる必要はあるものの、再生可能と踏んだのだ。

購入後は、田宮さん自身でも多少手を入れ、現在はＤＩＹをして利用したいという人が入居した。それほど多くはないが、最近ではＤＩＹできる賃貸を探している人もおり、そうした入居者とうまく巡り合ったのである。

この物件も含め、現在は10戸ほどの家を所有、賃貸しているそうだが、「使われなくなった住宅を流通、再生させていくビジネスは資源の有効活用として良いカタチだと思う」と田宮氏。家が一生に一度の買い物でなくなれば、さまざまな価値観が変化、面白くなるのではないかとも言う。

田宮さんは今後もチャンスがあれば購入したいと意欲的だが、近所に物件が出ないのが残念と言う。田宮さんのように全国津々浦々に物件が出たら買いたいと待ち構えている人がいるのだ。空き家所有者にはその事実を知ってもらいたい。

これら売買事例の一つ一つに町を変えるほどのインパクトはないかもしれない。家いちばの買い手の購入目的が「遊びの拠点」のようなノリで、購入後も月に1回行くか行かないかという程度であることも多い。移住者を増やしてかつての町のにぎわいを取り戻したいと考える地元の人にとっては、期待外れかもしれない。

とはいえ、たとえセカンドハウスだとしても空き家をただのお荷物として仕方なく持っていた人から、多少でも資金を出して意欲を持って使おうと購入した買い手のものになっただけで、目に見えない何かが大きく変わっているはずだ。月に1回の来訪でも、それによって人の流れが変わり、地域にお金が流れるようになり、さらにそうした拠点が2つ3つと増えていくことで、地域の状況が大きく変わりだすきっかけとなり得る。お互いがお互いに影響し合い、シナジーを生む臨界点が必ずある。

大事なのは最初のきっかけである。リスクと思えないほどの額で、自分が好きに使える拠点を手に入れることができ、こうした事例が目に見えるようになってくれば、自分たちもやりたいと考えている人の裾野を一気に広げることもできる。実際に多くの人が、このような物件の購入を検討しているという事実はあるのだ。芽は確実に存在する。そうしたニーズに応える流通市場が必要なのだ。

商店のオーナーは物件を上手に手放す方法を考えてみてはどうだろうか。地元の業者に売却を依頼するだけでは、理想的な買い手を見つける努力としてはやや足りない。自分で見つける覚悟が必要だ。それでも、商店を商店のまま引き継ぐ人が必ず見つかるとも限らない。かつての商店街が、将来的には別荘街になっているかもしれない。中身は多少変わっていくこともあるが、どんな形にせよ、町が残ることは、少しずつ敷地がコインパーキングに替わり、町が歯抜けになり、やがて跡形もなく消滅してしまうよりも、希望が持てる現実的な選択肢ではないだろうか。まずは新陳代謝を受け入れ、今よりも一歩前進することが必要だ。

事例の数は少ないが、町並みを残すことを視野に入れて空き家を購入する例も出てきている。第1章でもご紹介した佐藤正樹さんだ。佐藤さんは家の写真に引かれて現地を訪れ、町並みに感動した。観光地でもなんでもない漁村である。だが、これほど手が入っていない場所は少ないと佐藤さんは話してくれた。「古都とされる京都、奈良でも建物は新旧が入り交じっており、決して整った町並みとは言い難い。ところが、ここ、志賀町の赤崎集落では新陳代謝が全くなかったため、全部が古い。しかも、通りに面している家は、住んでいる人たちの努力で使われていない家でも廃墟にはなっていない。整った町並みを町の人が日常の中で維持しているところに文化レベルの高さを感じている。その町並みを引き継ぎ、残していきたいという思いもあって、家を買った」。

この集落では半分近くが空き家だ。1年に1回しか人が来ない家も多い。65歳以上が7～8割というから、それほど遠くない時期に集落が消滅する可能性は否定できない。佐藤さんは活用できない空き家があれば譲り受けて代わりに維持していくことを考えている。時間がかかってもこの景観を残したいという思いが強いのだ。

購入時には前所有者から氏神、区長を紹介してもらい、挨拶に行き、町の未来の担い手になりたいと伝えた。その後も何かある度に町のコンセンサスを得ながら改修を進め、管理人を雇って2020年8月からは民泊「能登の古民家民泊 TOGISO」を始めた。金沢からクルマで1時間半と時間のかかる場所だが、ほかにない風景があるこの地に人を呼び込みたいと考えている。

将来は、空き家を少しずつ譲り受け、パン屋、牡蠣《かき》小屋や立ち飲み屋に改装、この赤崎集落全体を宿として考える分散型ホテル「アルベルゴ・ディフーゾ」にしようという計画である。現時点では支出する一方だが、自分自身で町の価値を上げることでビジネスにしていきたいと佐藤さんは考えている。売主の希望価格で購入した理由も、自分が赤崎集落の価値を評価しなければ後に続かない。そのために必要なことだったというのである。

東京での1億円は家1軒分にしかならないが、能登なら一つの集落の未来に関われるという佐藤さんの言葉にわくわくするのは私だけではあるまい。

建物を残して使えば地域に人が増える

空き家問題とは、言葉を換えると「家余り」問題である。これを解消する方法の一つとして、解体という手法がある。どんどん壊して更地にしてしまうという手だ。実際に制度として、老朽化した空き家を解体する費用の一部を助成する地方自治体も数多くある。臭いものにはフタをする。面倒になったらリセットボタンを押せばいいという考えによるものだ。

だが、この安易な解決方法にはお金がかかる。多額の税金が投じられるわけで、そこに意義はあるのだろうか。税金を投じたところで幸せになる人は少なく、後ろ向きの使い方としか思えない。欲しい人がいるはずの空き家をなぜ、税金を使って取り壊さなくてはいけないのか。私にはその発想が理解できない。

瀬戸内海で3番目に大きな島、山口県の周防大島と海を挟んで隣接する岩国市に住む金本美和さん（仮名）がこの島に所有していた実家は、父親が4年前に亡くなって以来、ずっと空き家のままで、築年数は70年以上でかなり老朽化しており、普通なら取り壊しを検討しそうな家だ。

父親の死後、金本さんは地元の不動産屋に物件紹介を依頼したが全く問い合わせはなかった。ところが、家いちばに掲載したところ、2週間で10件以上問い合わせがあり、すぐに売却できたのだ。大阪、東京、神奈川など遠方からの希望者からの問い合わせもあったが、比較的近県の候補者で絞り込み、買い手を選んだ。父親は生前、自分で直しながら住み、風呂は薪で焚いていたような家だから、金本さんは売れないと思い手数料程度の安い価格にしてしまったが、問い合わせが多かったのでもう少し様子を見て価格を上げてもよかったかもしれないとやや反省したぐらいの出来事だった。

この家を買った長島太一さん（仮名）は、認知症の母親にとって環境のいい場所を選び、引っ越す考えの人だった。海が近くて、小さな商店街が歩ける範囲にあるようなこぢんまりとした町がよいと思っていた。この家はこれにマッチした。世の多くの人は利便性が高くないと売れないと思いがちだが、逆に昔ながらの環境を求めている人もいるのだ。

長島さんはこの家を気に入っている。売り手の金本さんは、この家を取り壊しせずに住んでくれるほうを選ぶことができて満足している。古い空き家だったが、取り壊してしまわずよかったと。建物を気に入ってくれた人なら、これからもきっと大事にしてくれるは

事例

17 田んぼが広がり 海や山も近い古民家

場所	石川県輪島市
土地	1365㎡
建物	木造2階建て307㎡ほかに居宅、納屋
購入者	40代男性
理由	工房兼住居を探していた

祖父母、両親と受け継がれてきた家。周辺は一面田んぼが広がっており、山や海も近く、食材は豊富で、夜は静寂に包まれる。持ち主は、賃貸に出すことも検討したが、譲渡することで買い手の好きなように使ってもらいたいと考えた。

ずである。

もっと積極的に古い家が活用された例もある。能登半島の輪島市にある丸尾沙織さん（仮名）の実家がそれだ【事例17】。この家は祖父母の代から受け継がれてきたものだったが、丸尾さんの母親が亡くなってから10年近く空き家となっていた。庭からは一面の田んぼの景色が広がり、山や海も近く、食材は豊富。夜になると静寂に包まれ、夜空が近くに感じられる。それでありながら、能登空港まで10分ほどで、東京へは日帰りができる。

建物は90坪と大きく、普通の家の3軒分くらいある。戦後すぐに建てられた家で、昔の大きな梁や柱も頑丈な造りになっていて、12

年前の能登地震でもほとんど壊れることがなかった。丸尾さんは、空き家となってからは年数回、家の整理清掃と庭の手入れなどで足を運んでいた。

賃貸にするという話もあったが、今後のことを考えると持ち続けることに肩の荷が重く、きちんと誰かに譲渡をして、自由に使っていただいたほうがいいと考えるようになった。家が大きすぎて、片付けがあまり進んでおらず、むしろ使える家財装具などはそのまま使ってほしいと思った。

そんな丸尾さんの気持ちが伝わったのか、問い合わせは全国から100件を超えた。6日間にわたって内覧会を開くことにしたところ、24組の人が見に来た。半分以上が関東などの遠方の人で、北海道や四国からもはるばるやってきた人もいた。

この中から買主として選ばれた大久保征三さん（仮名）は、東京で伝統工芸の仕事をしている人だった。着物や帯を染める江戸更紗《さらさ》を作る工房兼自宅の建物が年内で取り壊されることになり、引っ越し先を探していたのだ。反物の生地を張るための7mの長さの一枚板の作業板が入る広さが必要だった。資金にも限りがあった。そこで目に留まったのが家いちばのサイトで偶然見つけたこの物件だ。調べてみると、能登の輪島は、伝統工芸が盛んで、日本で一番人間国宝が多いということも知り、移住を決めた。この家を買ってからすぐに移住し、仮の作業場も作った。大久保さんはかつて建築士の仕事をしていたこともあって、DIYで作業場作りを進めた。いずれは着物ギャラリーも作りたいと考えている。引っ越してからはNHKの番組の取材もあり、輪島市内のギャラリーからも個展の依頼がきて、早くも地元でも知られる存在になった。野菜などは夫婦二人で食べきれないほど近所の農家が持ってきてくれるので、引っ越してから野菜を買ったことがないと言う。大久保さんは「都会と違い、自分自身の作業に没頭できる環境が本当に気に入っている」と語ってくれた。

大久保さんの人生を変えたのは、売主の丸尾さんがこの家を売る決断をしてくれたおかげだ。DIYをしながら自由に使い方を変えていけるのも、売買ならではだ。賃貸でもDIYを許可する契約は可能だが、現実的に責任の線引きがなかなか難しい。大久保さんは、自らの手で改修を重ねたこの建物をずっと大事にしてくれるだろう。

解体に公費を使うマイナスに比べ、空き家を流通、活用させることがいかにプラスか、お分かりいただけたのではないだろうか。誰も無駄な費用を支出することなく、建物、町並みが残り、さらに人が増えて、地域の文化に深みが生まれる。空き家の流通が社会に新たな価値を生んだのである。

このように解体せずとも空き家、古い家を残し、活用することは十分可能なわけだが、解体がまかり通るのは行政の問題というよりも、空き家オーナーの理解が足りていないという問題もあるかもしれない。どうか、安易に建物を取り壊してしまう前に、誰かに大事に使ってもらうことを考えてみてほしい。幸い、家いちばなら、買ってもらう相手をじっくり選べる。従来は「売ってしまえばおしまい」という発想しかなかった。買った人がその建物をどのように使うかは買った人の自由で、売主の願いは伝わらなかった。

だが、家いちばならきちんと残してもらうことも、地域のために使ってもらうことも可能なのだ。実際、これまで多くの空き家、古い建物が売却されることで新しいスタートを切った。大事に使ってくれる人は必ずいる。しかも、自分自身で探せる。インターネットの時代だから、それができる。目を覚まそう。

家と同時に取引、農地山林の荒廃を防ぐ

田舎の空き家の売買をしていると、かなりの確率で「農地」が絡むことがある。農家を

やっていた親から空き家とその土地に加え、田んぼや畑を一緒に相続するというケースだ。ただ、親が農家だったからといってその子どもも農業を営んでいるとは限らない。たいていは東京などの都会に出てサラリーマンをするなどしており、もちろん、稲を育てたり、畑を耕したりはできない。遠く離れているから距離の問題もある。たまにしか行くこともなく、当然、農地は荒れていく。これが「耕作放棄地」あるいは「荒廃農地」問題の現実だ。

この問題に深く絡むのが農地法である。日本では各地域の農業委員会が農地台帳を管理し、農地として指定された田畑は、その売買や転用が厳しく制限される。登記簿の地目（土地の種類）が「田」や「畑」となっていると、農地法の許可証がなければ法務局で移転登記の申請を受け付けてくれない。かなり実効力のある規制で、ある意味よくできた制度だ。農地法の趣旨は、貴重な地域資源を守り、国民の自給自足を担保するというもので、重要な国策となっている。この法律のおかげで、日本の美しい田園風景が守られてきたと言ってもよい。

しかし、時代の流れにはあまり追い付いていない。農地の売買を許可する要件は、買い手にちゃんと田畑を維持管理できるか、耕作能力があるかを過去の経験や農機具の所有状況などで審査される。規模の要件もあり、所有している農地が小さすぎると、農家として自立していないと見なされる。これは、田畑を含めた家督を長男が必ず相続するという大家族時代の発想のままといえる。

そうした前提のため、親が亡くなってその子が相続する場合には、審査も許可も不要だ。しかしそうだから、耕作放棄地がどんどん増える。農業ができなくても相続できてしまう一方で、農業をやりたくても要件を満たしていないために購入できない人が出てきてしまうという問題が発生する。これを防ぐには空き家問題同様に、流通を促進させて、将来の農地の担い手の裾野を広げていくべきだろう。

実際に、家いちばで農地も含めた空き家の売買をしていると、農業もやってみたいという買い手は少なくない。しかし、意欲だけでは許可が下りず、農地法の壁のために農地の売買を断念せざるを得ないケースが続出している。

その場合、仕方がなく農地の土地を切り離して、建物と宅地のみの売買とするが、そうすると、売主の手元には農地だけが残ってしまう。その後は農地単体で売買する必要があるが、本当は母屋とセットとなっていたほうが、買い手は付きやすい。農地を手放すなら、母屋を売るときがラストチャンスなのだ。こういう事情もあり、農地が売買できないせいで空き家の売買そのものを断念される売主は少なくない。

ただ最近では、空き家バンクと連携する形で、許可要件を緩和する制度を設けている自治体も増えた。役所の本音としては少しでも多くの移住者を招き入れたいのだろう。農業委員会も許可を下ろしたくても下ろせない中、法律と現場との板挟みになりながら奮闘している。

農地法は農地の無秩序な乱開発や望ましくない者の手に渡って好き勝手にされてしまうことを抑制する力にはなっているものの、現状増えつつある耕作放棄地問題には対処できていないことは明らかだ。いずれは変わっていかざるを得ないはずだ。

一方、対照的なのが「山林」の問題だ。農地と同様に、空き家の土地と建物に山林がセットになっていることも、これまた珍しくない。できれば空き家と山林をセットで売買させたいところも、農地と事情は同じだ。

農地とは逆に山林の売買にはほとんど規制がないと言っていい。誰でもいつでもすぐに売り買いできる。一応、森林法というものがあるが、売買は事後届けだけで済む。「保安林」に指定されていたりすれば、多少厳しくなるが、それはごく一部の山林でしかない。1haを超えるような大規模な土地であれば国土法がかかってくるが、これも事後届けだ。

本来、森林法に指定された森林であれば、樹木の伐採時に事前届けが必要だが、果たしてこれを真面目に届けている人がどれくらいいるかも怪しい。足を踏み入れることもできないような人里離れた山林の木1本切ったか切っていないかをどうやって取り締まるのか、その方法がない。

そのことを役所の森林課の人に聞くと、「定期的にグーグルマップの衛星画像で調べている」そうだ。これは冗談だと信じたい。それくらい、山林の保全にはお手上げ状態なのだ。

実際、売買対象となった山林の現地に足を運んでみると、その荒廃ぶりに危機感を覚える。よく山登りなどで見かける森林の光景とは全く異なり、やぶ状態だ。利用価値はほぼない。緑が二酸化炭素を吸収して空気をきれいにしてはくれているだろうが、それ以外はほとんど役に立っていない。

だが、家いちばでは山林はよく売れているのだ。例えば、千葉県市原市の約1000坪の山林を100万円ちょっとで買った人がいる。どう使うのかを聞いてみたところ、ここでキノコ栽培をするのだという。じめじめした土地が気に入ったという。

あるいは福岡県の筑豊地域の田園地帯の水源となっている貯水池の裏山に1万坪ほどの

山林があったが、これを丸ごと300万円で買った人がいる。購入者の荒木晴則さん（仮名）は、自分の村をつくりたい夢があった。かつては不登校児だった頃もあり、その経験から、人々の居場所と笑顔をつくりたいという思いがあった。そのための場として山林を買ったというが、そこは水も電気も引けないような土地だった。それでも、まずはイベントなどやりながらこれからのことを考えていくそうだ。

売買の事例が出てくるまでは想像もつかないことだったが、山林を自由に使ってみたいというニーズは確実にある。林業の場としての山林などとしゃくし定規に考えると異なる使い方かもしれないが、農地同様、放置されるよりは何かの形で使われるほうが夢も希望も持てる。

仮にたった一人が満足するだけだったとしても、日本人全体の幸福度が少しでも上がれば、私はそれでいいと思う。さらに誰かが利用した結果、山林に関心を持つ人が増え、日本の山林が荒廃から免れるならば、なおよいこと。林野庁の統計からも分かるとおり、日本の国土の66％、約7割が森林だから、森林を守ることは日本を守ることにもなる。

自然を守り、災害に抗する効果も

ここまで説明したとおり、日本では人口が減っていて、家余り状態になっている。それにもかかわらず、宅地の新規供給が止まらない。

宅地供給とは、森林などを切り開いて主に住宅地用として新たに宅地造成することである。同時に多くの樹木の伐採を伴うので、自然破壊とも批判されるが、人口減少時代であっても、少しでも住民を呼び寄せたい地域にとっては、背に腹は代えられぬ、前向きな行動でもある。

左ページの図からも分かるように高度成長期のピーク時よりはかなり減少したが、今でも毎年5000〜6000haほどの宅地が全国で造成されている【図4-6】。現存する国内の総宅地面積の0・5%ほどの増加率ではあるが、山手線で囲まれた面積とちょうど同じくらいであることを考えると、決して小さい数字ではない。

空き家が何百万戸とあるのだから、新たに家が欲しい人がその中から新居を見つけてくれば、新規の宅地はいらないばかりか、むしろどんどん宅地を減らして自然に還していってもおつりがくるくらいなのに、現実はこれである。不思議な現象だが、新築住宅の供給

【図4-6】宅地供給量の推移

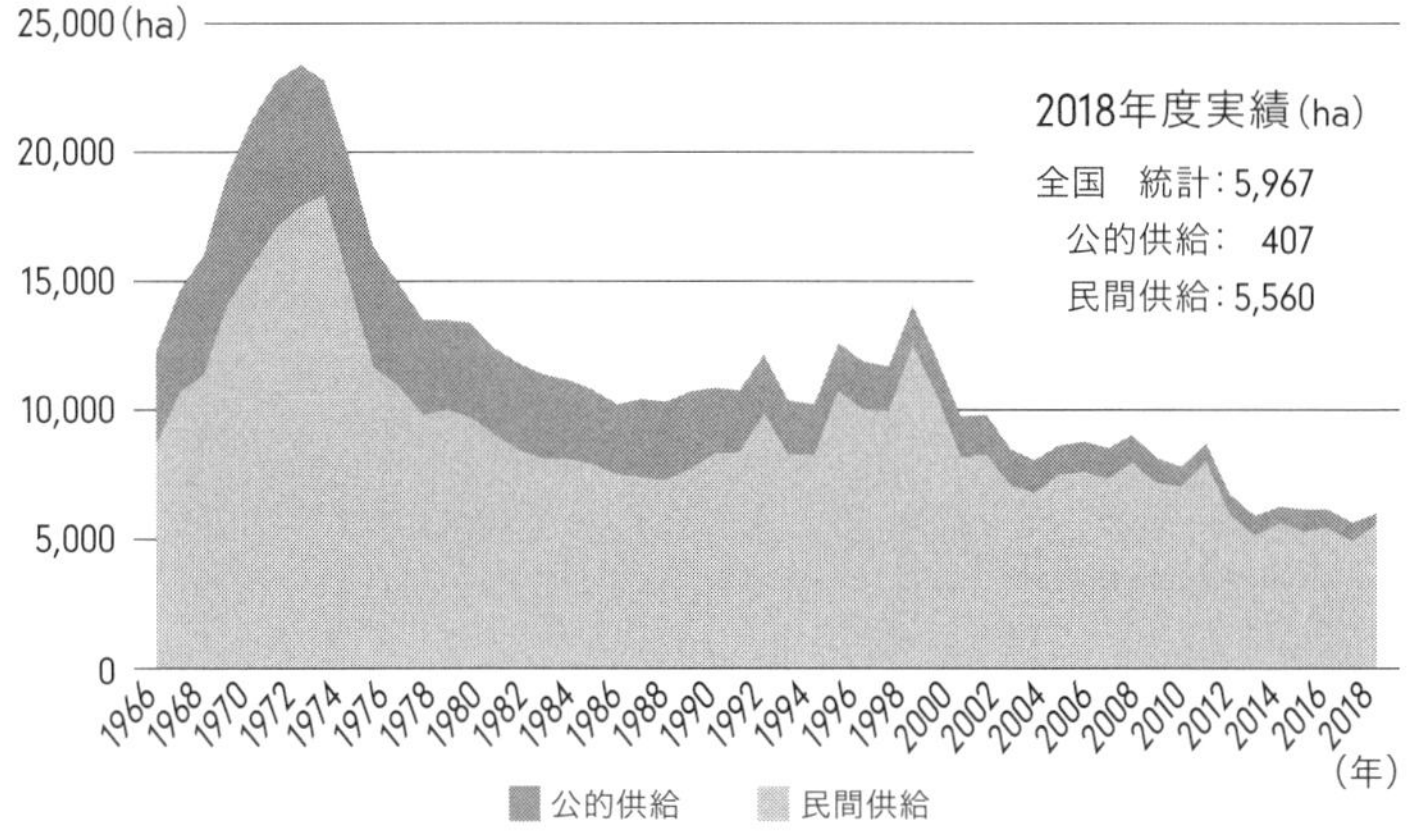

出所:国土交通省「宅地供給の実績と宅地需要について」を基に作成

が止まらないことと構図は似ている。数十年前とは状況が明らかに変わっているのだから、時代に合わせてやることを変えていってもよさそうなものだ。

宅地の増加と同時に、自然が次々と破壊されているわけだが、それでも国内の広大な森林がなくなってしまうほどではないから、そこは焦らなくてもいいと思う。かつては都市近郊にも存在した里山がニュータウンに変わっていってしまう光景に寂しさも感じるが、その件は本論ではないので、ひとまずおいておくとする。

問題はその宅地の在り方だ。昨今、地球温暖化の影響なのか、毎年のように豪雨や台風などによる自然災害が猛威を振るい、たくさんの人が犠牲となっている。

２０１５年9月に関東地方を襲った台風18号による長時間に及ぶ豪雨の影響で、鬼怒川の堤防が決壊し、広範囲の宅地が浸水し、避難が遅れた住民の死者も多く出る大惨事となってしまったことは記憶に新しい。

そのときの浸水区域が事前に常総市で公開されていた「ハザードマップ」の浸水想定エリアとほぼ一致していたことで話題となり、ハザードマップに対する国民の認知度が少し上がった。

ハザードマップは、登記簿や都市計画図と並ぶ「知っておきたい我が家の不動産情報」の大事な一つである。

従来の都市計画には少し問題があった。都市計画の主なところは、市街化を促進する地域と抑制する地域とを明確に線引きすることにある。しかしこれが、ハザードマップによる災害区域（レッドゾーン）と連動しておらず、市街化区域の大部分が浸水区域と重なってしまうこともあるのだ。

日本の主な大都市のほとんどが、工業化による成長とともに歩んできた歴史的背景があり、大河川の下流で港湾を有する低地の沖積平野で発展してきた。沖積平野とは要するに

【図4-7】頻発・激甚化する自然災害に対応した「安全なまちづくり」

・頻発・激甚化する自然災害に対応するため、災害ハザードエリアにおける開発抑制、移転の促進、立地適正化計画と防災との連携強化など、安全なまちづくりのための総合的な対策を講じる。

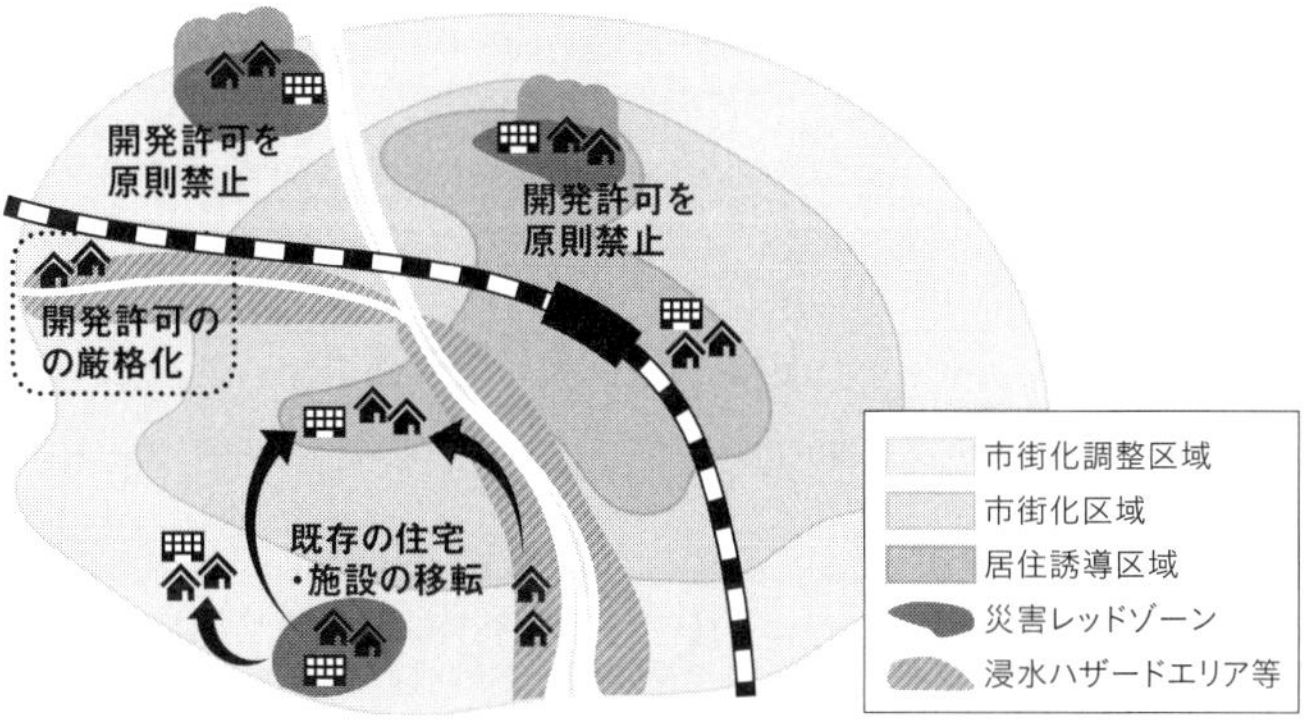

出所：国土交通省「防災・減災等のための都市計画・都市再生特別措置法等の改正内容（案）について」を基に作成

洪水で氾濫した土砂で造られた土地だから、どうしても洪水に弱い。その結果として、国は国民に危険な区域にあえて住まわせることを推進していたことになる。

さすがにこの状態を深刻に見た国土交通省は、緊急に特別措置法の検討を始めた【図4-7】。人間は自然には勝てない。いくら丈夫な堤防を造ったとしても、自然の威力がさらに想定を超えてしまう。自然と共存する術を考えていかなければならない。都市計画の不備は、私たちに改めてそのことを教えてくれた。いろいろ見直すのにいい機会だ。

役所の縦割りの問題もある。役所の組織として、都市計画などを扱う都市計画課と、災害対応などを所管する防災課あるいは危機管理課とは全く別組織になっていて、建物も別々ということもある。本来であれば密接に連絡を取り合い、災害に強いまちづくりや市民の安全な暮らしのために知恵を絞るべき役割を担っているはずだが、バラバラになってしまっていて、その点において機能しづらくなっている。このことを長期間放置されたツケが今回ってきていると感じる。

それにしても役所の危機意識の低さに驚くこともあった。茨城県の内陸中部のとある市の物件の調査で市役所の防災対策課を訪ねたときのことだ。自然災害時には危機管理室ともなる重要な役割を持った部署である。

ここにハザードマップを入手しに行ったのだが、紙媒体のものがなく、ホームページで調べてくれと言われた。それでも少し聞きたいことがあったから、サイトを開いてもらうようにお願いしたところ、「うちはインターネットにつながっていない」と言われたのだ。これには驚いた。今の時代、ネットにつながらずどうやって仕事をするのか、全く想像ができなかった。

災害などの緊急時には、あらゆる手段で情報収集をして最適な判断をし、市民へ情報発信もしなければならない部署がインターネットを使えないのは間違ってはいないか。私は、自然よりもこの人たちほうに危機を感じた。もし自分が市民だったらすぐ引っ越したくなったろう。

そんな現代人のごたごたをよそに、昔の人は賢かったと感心する。家いちばで売買される物件は、田舎の古い建物が多い。建物だけでなく集落そのものも古い。都市計画も何もない時代に形成された家々の集まりだ。

そんな物件の調査をしてみて分かるのだが、昔の集落は自然災害に強い場所に造られていることが多い。昔の人は文明の利器がない代わりに、自然に寄り添って生きていた。代々の先祖からの言い伝えに従って、浸水も土砂崩れも起こらない場所に自ずと人々が集まって暮らすようになった。

それなのに、こういう昔の集落は「都市計画区域外」、あるいは「市街化調整区域」に指定されていることも多いのだ。災害に強く住むのに優れた土地であるにもかかわらず、都市計画ではここに人が移り住むことを積極的に想定していない。

さらに昨今では「コンパクトシティ構想」と称して、主にインフラの効率化を目指して、分散した人口を市街地の中心部に集中させる施策を採っている自治体も出てきている。頭で考えると理解できなくもないが、私が家いちばの売買を通して見てきた現場の実態から考えると、やや違和感がある。国土交通省のハザードマップポータルサイトを見れば分かるとおり、多くのコンパクト化を目指す都市の中心地には少なからず浸水区域が広がっている。

確かに、住宅が分散していると、将来的なインフラの維持コストが心配になる。しかし私の試算では、それも大したことがない。インフラといっても、田舎の家なら下水は浄化槽、ガスはプロパンでいい。あとは電気と水道だけだが、電気は配送が比較的容易だし、水道についても、引き込み配管の仕様を簡素化するなどすれば、それほど驚くような維持コストではない。そもそも通常劣化による更新頻度は何十年と長い。

それよりも、もしそれら分散した住居を都市部に集中移転させていくプロジェクトを進めようとすれば、その開発費用のほうがよほどかかってしまいそうだ。都市開発には雇用や産業構造など複雑な要因も絡むからリスクも大きい。そういったことも加味しながら、もう一度きちんと試算して比較検討してみるべきだと思う。

田舎の家をもっと見直してみることで、自然にも財布にも優しく、その分税金を効率的に使うことができる、そんな自治体なら放っておいても人が集まるようになるのではないだろうか。

このように、空き家問題と関連するいくつかの社会問題を紹介したが、それらの解決策として共通した鍵となるのが、空き家等の従来あまり価値がないとされていたものの流通を活性化させていくことにあるということを説明した。

またいずれにも共通しているのが、ちょっとした発想の転換があるだけでいい。これまでやってきたやり方から一歩離れて考えてみたい。昔に戻るようなところもあっていい。家いちばで起こっている取引の一つ一つは、社会全体からすると小さな動きにすぎない。しかしそれらが少しずつでも積み重なって、世の中を、日本をよくする一歩一歩となっていけるとすれば、私としてもこれ以上のやりがいはない。私は日本が好きなのだから。

2 空き家で日本社会に明るい未来を

空き家流通で地域の衰退に歯止めを

空き家を個人と地域に及ぼす問題という、別の視点で見てみよう。空き家は基本的には個人的な問題だ。だが、それが放置されることで地域にも問題を及ぼす。以下、順に説明しよう。

まず、空き家は所有しているだけで日々、経済的に損失を出しているのに等しい。空き家も含む「不動産」は、本来は持っているだけで利益を生むものだ。不動産は、それを得るために通常、多額のお金を支払って取得するものだ。その見返りがなければ、不動産を取得する意味はない。例えば、ローンを組んで何千万円もの家を買った場合、毎月決して小さくない額の返済をし続ける義務を負うが、その見返りとして、その家に住み暮らす権利が得られる。

もし、家を持っていなければ、賃貸などを借りて住む必要があるが、持ち家なら賃料を払わなくて済む。また、アパートを建てて人に貸せば、最初に建設費を負担しなければならないが、その後は毎月賃料収入を得ることができるようになる。いずれも投資とリターンの関係にある。

しかし空き家のように何の利用もしていない不動産は、このリターンが全くない。むしろ、固定資産税や維持修繕費など、出ていくお金ばかりだ。毎月赤字の会社を経営しているようなもので、それがずっと続けば、手持ちのお金がどんどん減っていく。

そんな金食い虫を欲しいと思う人は誰もいないから、ますますその市場価値は下がり、さらなる追加的な投資（リフォームなど）をしようと思う気持ちにもなれなくなる。そうやって、ますます利用価値が下がり、経年劣化も進むから、さらに赤字が増す。そのうち、台風で屋根が飛び、大きな修繕費を余儀なくされる。こうなるともうお手上げだ。これが空き家が個人に及ぼす、１つ目の悪循環だ。日本中のほとんどの空き家がこの状態になっている。

ちなみに、個人の空き家でなくても、大型の商業施設やホテル、役所の公共施設などあらゆる不動産がこれに近い悪循環に陥っているのを全国各地で見かける。これらは最終的には運営主体が破綻し、廃墟となって放置されることになる。伊豆半島の東岸にあるとある温泉地の海沿いには、廃墟となった高層ホテルがずらりと並ぶ一帯がある。これを見ていると、日本の将来を見ているようでゾッとする。廃墟マニアは心を動かされるのかもしれないが、廃墟だらけになった日本の姿は想像したくない。

もう一つが地域の問題だ。空き家や空き店舗などが次第に増えていくことで、地域の活気がなくなり、治安の悪化も懸念される。空き家に不審者が住み着いたり、放火の危険性も高まったりする。それが顕在化してしまうと地域の魅力と評判は落ちていき、出ていく

【図4-8】ストック活用が進まないことによる悪循環の構図

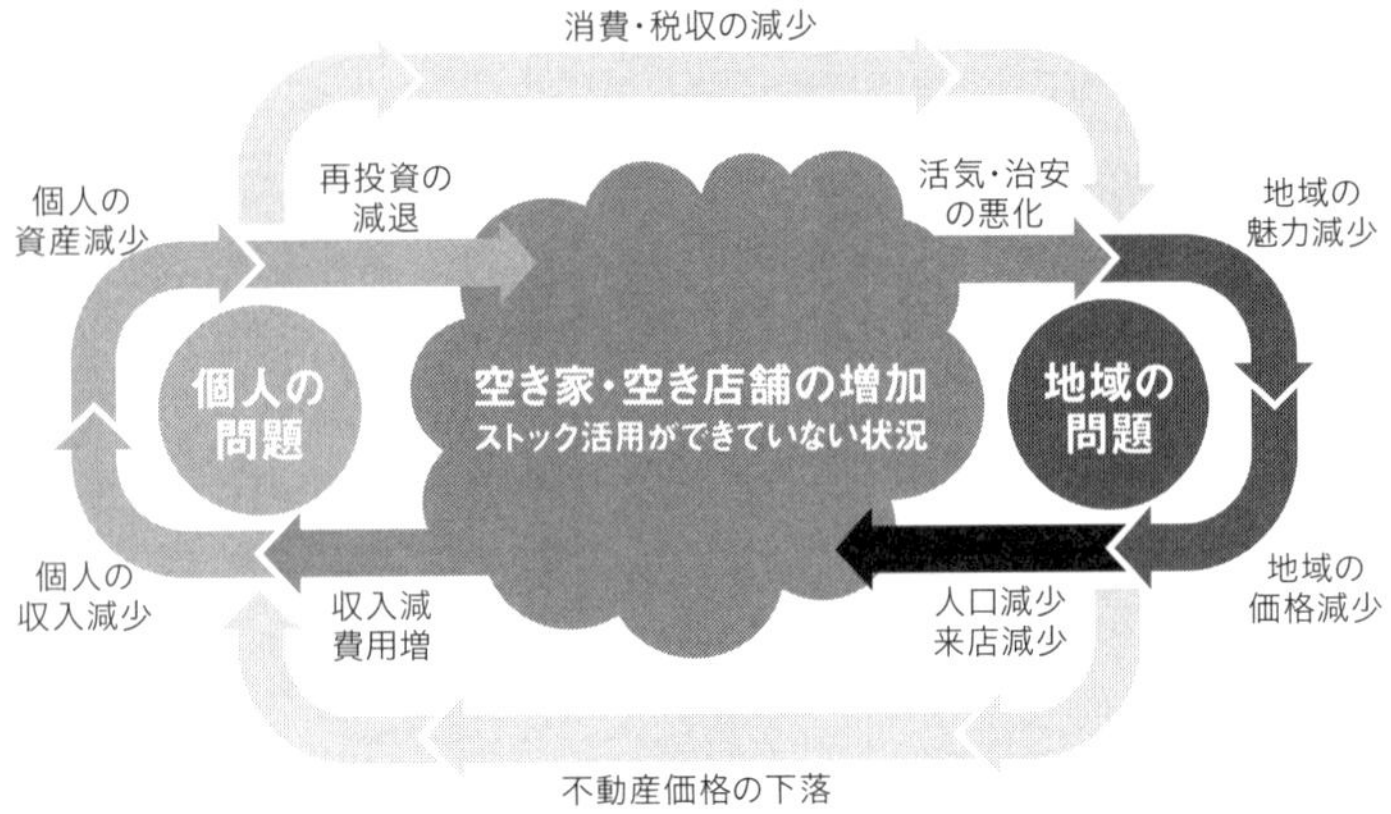

人が増え、来る人は減る。地域が廃れると、空き家がますます空き家のままとなり、結局、その数も増える一方となる。これが2つ目の悪循環だ。

個人と地域に起こり得る2つの悪循環は上の図のように、それぞれ影響し合っている。個人の資産の価値が下落すれば消費と税収の減少となって地域にダメージを与え、地域の価値が下がることで、不動産価格の低下となって個人に跳ね返ってくる【図4-8】。これらの悪循環をこれまで誰も止めることができなかったから、空き家の価格下落は行き着くところまできている。

しかし個人は、通常、空き家以外にも住む家や金融資産（預貯金など）を持っており、たいていの状況に耐えられている。本当に困っていたとしたら、空き家に住むといったことになるから、空き家は空き家でなくなる。その意味で、空き家を持っている個人はまだ大丈夫なのだが、地域の衰退のほうは深刻だ。

2014年に、増田寛也元総務相ら民間有識者でつくる日本創成会議が打ち出した「消滅可能性都市」では全国の市区町村の半分に当たる896自治体が指定され、早急な人口対策が促された。地方創生は国の大きな課題だ。関連して、2009年以降、地域おこし協力隊のような制度でもテコ入れを試みられているが、あまり成果は上がっていないように見受けられる。

そこで、この悪循環を食い止めるために、「個人」に着目した。

空き家を空き家のまま放置する人がいないようにすればよい、としたのだ。空き家を活用できないオーナーにはさっさと退場してもらい、それを活用できる、活用したいという人に引き継いでもらうのだ。

こうやって、家いちばは「オーナーチェンジ促進」の機能を担い、この悪循環の構図を逆回転させるエンジンのような役割を果たしていきたいと考えている。個人のお金が回りだせば、地域にも少しずつ好循環を与えていくことになるだろう。地道な草の根運動でもあるが、私はこの現状を打開するにはこれしかないと思っている。いわゆる箱もの行政に頼っても、長続きする効果がないことはこれまでの例を見れば分かる。

家いちばの草の根運動には、税金の投入は不要だ。予算のあるなしに影響されず、政治の影響も受けず、永続的に取り組んでいける。この問題に取り組むなら、長期的な視点が欠かせない。当社の株主には申し訳ないが、私たちは目先の利益を追求する仕事はしていない。私たちは、もっと長期的に「ストック活用」ができないかと考えているのだ。

ストック活用で低成長時代を豊かに暮らす

ストック活用とは、「すでにあるものを大事にする」ことだ。日本語には「もったいない」という言葉がある。ほかの外国語に訳すことができない精神的な概念も含む日本独特の言い回しであり、環境問題への関心の高まりを背景に世界的にも知られるようになった日本語の一つでもある。ところが、もったいない精神を持っているはずの日本で、なぜかストック活用が遅れている。どういう状況なのか、図を使って説明してみたい【図4-9】。

ストックを浴槽のお湯と見立てるとする。お湯をためるために蛇口から注がれるお湯と

【図4-9】「ストック」をお風呂のお湯だと考えると……

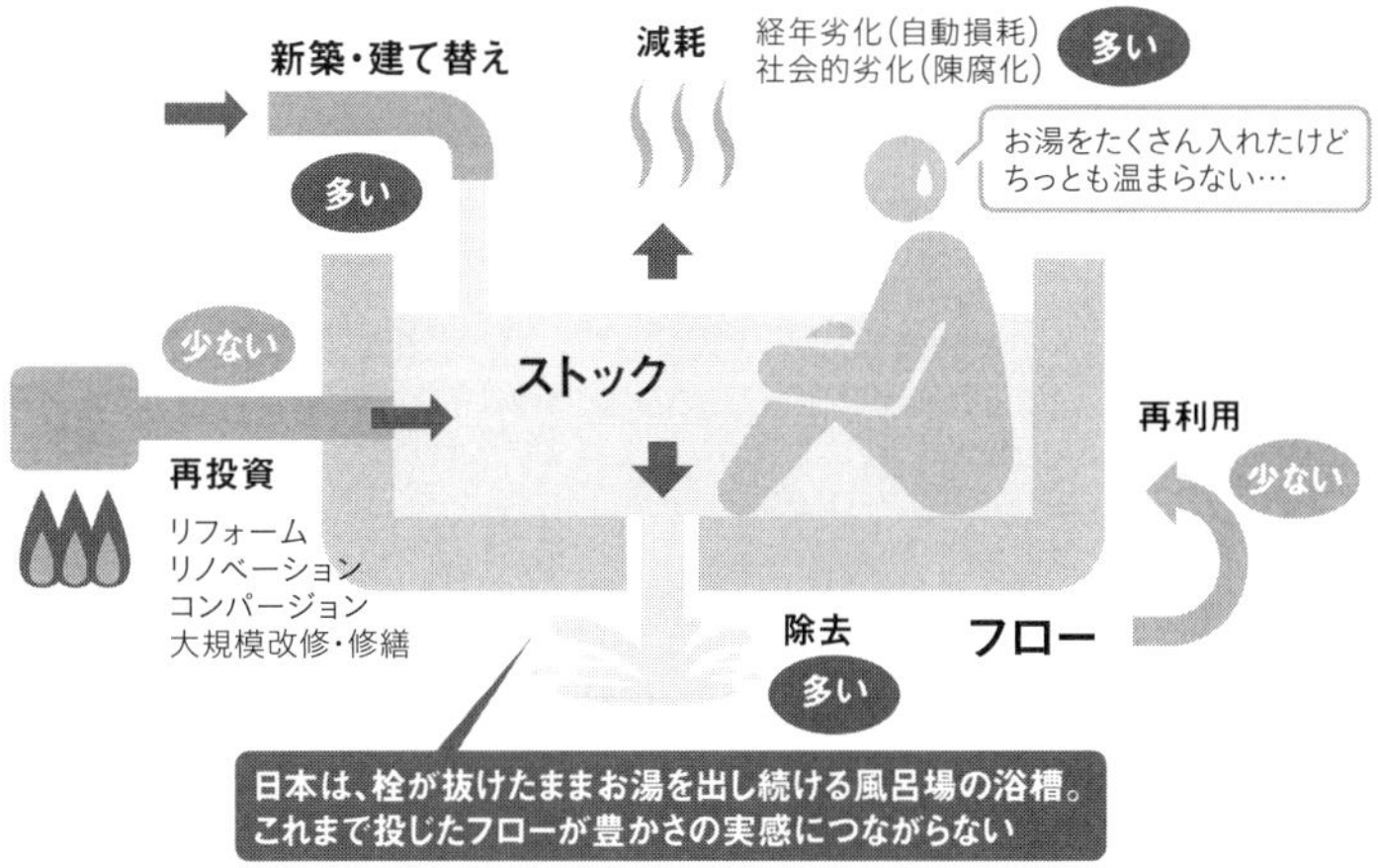

底の排水栓から抜けていくお湯とがある。これをそれぞれ「インフロー」と「アウトフロー」という。インが多すぎると浴槽からあふれてしまうし、アウトが多すぎるとお湯が減っていってしまう。

これのバランスを調整しようと、新しいお湯をたくさん注ぎながら、排水量をさらに多くするのはもったいない。1つ前の節でも触れたが、実は日本の住宅やビルなど建物に関していえば、この状況に近くなっている。とてももったいない状況なのだ。

これまで日本では、温かいお湯をどんどん注ぐ経済を進めてきたが、これからはぬるくなったお湯を温めながら長続きさせる経済も必要だと思う。お湯を温めるための追い炊きは、リフォームや修繕などの「再投資」である。実は日本はこれがまだ十分でない。放置されたままの廃墟がまさしくこれだ。

建物は避けられない自然現象として「経年劣化」し、なおかつ時代の変化によって設備などが陳腐化してしまう「社会的劣化」もする。この両方を合わせて「減耗」というが、減耗するからぬるくなったお湯を温めるために追い炊きをしていく必要があるのだが、今の日本には、ストックは量的には十分にあるものの、あまり活用されていない生ぬるいお湯の状態になっているとも言える。こんな風呂にこのまま浸かり続けたら風邪を引いてしまいそうだ。すなわち日本は、「栓が抜けたままお湯を出し続けている風呂場の浴槽」だと言っていい。不経済な上にちっとも快適にならない。

かつて経済成長が著しかった頃は、「源泉かけ流し」の状態が快適だったが、状況は変わっているのではないか。そろそろ蛇口と風呂底の栓を閉めて、たまったお湯を有効利用しようではないか。ストック活用こそは、低成長時代を迎える日本が、それでも豊かさを追求できる優れた方法となると考えている。多額の費用がかかる新築投資は、経済成長が前提にないと採算性が悪くなるが、ストックを活用するなら初期投資が少なくて済むからだ。

実際、一般社団法人リノベーション協議会が定めている適合リノベーション住宅（R住宅）が2009年以降ずっと右肩上がりに増え続けていることからも、中古住宅を買って、自分が好きなようにリノベーションをすることをあえて選択する人が増えてきている。同じエリアで同規模の一戸建てを買うとして新築だと5000万円くらいするものが中古なら3000万円くらいで買えることも珍しくない。一般的にまだ中古住宅は人気がないから、それだけの価格差が出てしまうのだ。ここは発想を変えて、小さな投資で大きな投資と同様の価値を得ることもできると考えたい。

確かに、割安な中古物件はクオリティーが低い。それを1000万円か2000万円くらいかけてリノベーションをする。それくらいかければ、一度骨組み（スケルトン）だけにして内装、外装のフルリノベーションすることもできる。合わせて耐震補強をして、断熱性も高める工事もある。購入費と改修費を足せば、新築を買うのと同じくらいになる場合もあるが、基礎工事や構造躯体はそのまま再利用するわけだから、内装や設備にいいものを使うといった価値の高め方ができる。きちんと設計すれば、リノベーションでラグジュアリーホテルのような内装も可能だ。新築でこれをやろうとするとかなり予算オーバーになる。最近では、購入費とリフォーム費をセットで融資してくれる銀行も増え、ローンも組みやすくなっている。

ただし、改修工事は新築よりも技術的に難易度が高いのも事実だ。真っ白な紙に絵を描くことに比べ、すでに描かれた絵の上に絵具を重ねて美しい絵にまとめていくことのほうが難しい。まだリノベーションの経験が豊富で上手にできる設計者や工事会社が少ないことも課題だ。

ところで、日本の中古住宅はかなり安い。なぜかといえば「これまでお金をかけてこなかったから」だ。減耗を食い止め、物件を維持するには定期的に修繕や機器、部材の更新をしていくことが欠かせない。しかし、日本の住宅はまともにメンテナンスされず放置されていることが多いのだ。だから価値は下がりっぱなしだ。ではなぜ、それが問題とならないのか？

その背景には、住宅購入における日本の特殊性がある。海外と比較してみると、世帯当たりの中古住宅の流通量は圧倒的に少ないことが分かる【図4-10】。一方で新築住宅についてはその流通量がトップクラスだ。これを生涯の買い替え回数に換算すると、米国では4回くらいが平均値となるのに対して、日本はわずか0・2回となっている。1回を下回っているから、5人に1人が一生に1回だけ住み替えるか替えないかとなっていることが分

【図4-10】住宅流通の各国比較　　生涯の買い替え回数（換算）

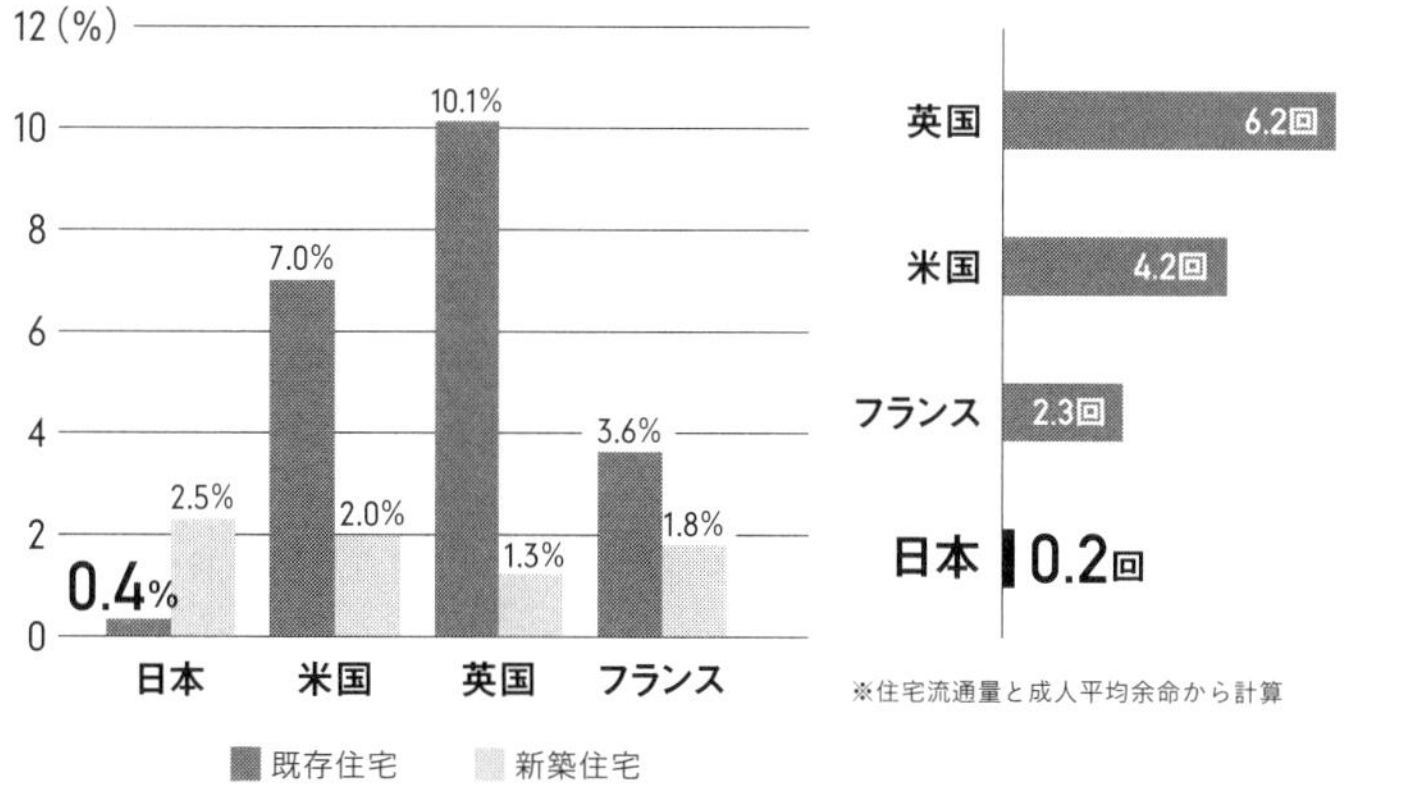

※住宅流通量と成人平均余命から計算

出所：総務省・国土交通省統計「住宅投資等の国際比較」を基に作成

かる。

日本人の新築志向と合わせて考えると、日本人の多くが新築を買って、それがそのまま「終《つい》の棲家《すみか》」になっている姿が目に浮かぶ。時間が経てば家族構成も変わるし、仕事先が変わることもある。それなのに、同じ家にずっと住み続けている。自分以外が住まない終の棲家だから、たとえ多少の不具合があっても、自分が我慢すれば済む。こういう背景があるのだ。そしてそれが当たり前になっているから、市場では中古住宅は一律に低く評価される。自分だけ頑張ってメンテナンスをしても、中古住宅を高く売ることがなかなか難しい。みんなで一斉に変えていかないと、この状況は変えられない。

しかし、ものは考えようだ。この日本特有の状況を受け入れれば、中古住宅をむしろ思いきり安く買うことができるのだ。家いちばの売れ筋は、100万円から200万円くらいの価格帯だ。100万円で買った家を100万円かけてリフォームをすれば、次に売るときに値段は下がらず200万円で売れる可能性がある。次に買う人が100万円かけてリフォームしなくて済むからだ。

これが正しい不動産の価格理論でもある。多くの人がこういう売り買いの経験を実際にやってみれば、建物を大事にメンテナンスするようになっていくだろう。修繕などの建物への適切な追加投資は、十分に見返りを期待できると考えている。単なる出費とは異なる。それが分かるようになれば、建物のメンテナンスは売るほうにとっても買うほうにとっても無駄がない、賢い選択となるはずだ。

ところで、昨今は「シェアビジネス」がブームだ。何でも自分で所有するのでなく、他人と共有して無駄を省き、安価でありながらむしろリッチに利用することもできたりする。買うより借りるスタイルと言える。

一方、家いちばは買うスタイルであり、シェアの流れとは逆行しているかのように見えるが、時間軸で考えるとシェアの概念に当たる。どういうことかというと、もしある家が誰かの終の棲家で終われば、その家は時間軸も含めて完全に一個人の独占物となる。

しかし、それを例えば5年おきに売り買いを繰り返すことになれば、時間軸の中では多くの人とシェアすることになる。シェアすることにより、経済性を高めながら豊かさを増すことができる構図も一般のシェアビジネスとよく似ている。セカンドハウス感覚、あるいはお試し感覚で買って、何年かそこで遊んで使い倒して、飽きたらまた売って、違う場所に拠点を変えてみてもいい。これまでは、中古は売りづらいという固定観念があったから、そんな行動に踏み切れなかったが、家いちばで実証したとおり、それは現実的な選択肢となっている。

「再投資」と「流通」は、今後の不動産の世界のキーワードになる。行動している人は、もうやっているのだ。

不動産をもっと楽しく自由に

家いちばで物件を買った買い手の使い道が多種多様であることは、これまで説明したとおりだ。基本的には安く、かつそのままでは使えないくらいボロボロだったりするから、大胆に手を加えることができる。

例えば、茨城県鉾田市の築40年のロッジは内装も外装もボロボロで、壁が一部崩れ落ちており、家の中から外が見えるほどだった。それを格安の数十万円で買った荒川仁志さん（仮名）は、以前から週末にはよく茨城の海に家族で遊びに来ていた。大きな犬もいて、子どもたちと一緒に遊ばせられるような場所を探していた。

荒川さんは建築の仕事をしていて、最初からボロ家をＤＩＹするつもりだった。だから、建物の中は床にも穴が開いていて危険な状況であったが、荒川さんからするとむしろそのほうがありがたく、「床を剥がす手間が省けて助かる」と思ったという。確かにＤＩＹを楽しむなら、ピカピカの家よりもこんな状態のほうが、気兼ねなく手を加えられる。荒川さんは週末、家族を連れ、子どもたちに手伝わせて外壁修理の工事から始めた。最後に壁の色も塗り直して、自分が思い描いたとおりに造り替えた。

古い建物に思いきり大胆に手を加えること。これがリノベーションだが、世界的には規模も内容も驚くほど大胆な事例がたくさんあり、むしろそれが当たり前と言ってもいい。教会を本屋にしたり、工場がアトリエに変わったり。中には給水塔を住宅にコンバージョン（用途変更）した例もある。

日本でも、日本最古の監獄、「旧奈良監獄」が2021年の開業を目指してホテルに変えるプロジェクトが進行中で、やっとそういう事例が増えてきた。私自身も古い木造銭湯をギャラリーにコンバージョンするプロジェクトを手がけたこともある。

なぜ、日本ではリノベーション文化が遅れてしまったのだろうか。これには諸説ある。まず、日本の建物は木造なので寿命が短いからと言われることがあるが、これは間違っている。日本には世界最古の木造建築、法隆寺（築1300年！）も残っているし、そこまででなくても、築100年を超える古民家や寺社建築も全国にたくさん現存している。文化庁の国指定文化財等データベースによると江戸時代以前からの天守が現存しているのは姫路城、彦根城など12城しかないが、残らなかったのは火災による焼失か、明治以降に国の命令によって除去されたかのいずれかで、建物の寿命のせいではない。

実際に木造家屋を一度骨組みだけに戻すスケルトンリノベーションをやってみると、むしろ木造の柱や梁の丈夫さに感心させられる。木材は湿気には弱いので、基礎の土台や雨漏れした屋根裏の一部が腐食してしまっていることはよくあるが、それらは修理可能なものだ。

逆に鉄骨造のほうが短命だったりする。鉄も湿気に弱く、錆《さ》びたらボロボロになるが、木材のように修理が容易でなく改修費も余計にかかる。現存する日本最古の鉄筋コンクリート造は、世界遺産となっている長崎・軍艦島で築100年ほどだが、現在老朽化が著しく倒壊寸前で立入禁止になっている。100年を超えても健全な木造建築が数多くあるのに対して、なんともおもろいことか。木造建築が豊富な日本こそ、リノベーション文化が大きく普及する可能性すらある。

街を歩いていても、あちこちで建物の解体現場を見かける。大きなビルがあったと思ったら、いつのまにか更地になっていたりして、びっくりする。東京都心の赤坂プリンスホテルは、日本を代表する建築家丹下健三の名作として知られていたが、築60年を待たずに解体された。そこで使われた世界初という超高層建物閉鎖型解体工法「テコレップシステム」も話題になり、第14回国土技術開発賞最優秀賞を受賞している。工事は屋上部分を残してジャッキで支えながらだるま落としのように整然と進められ、まるで40階建て760室の大型ビルを建てる風景を巻き戻しして見ているかのようだった。かつて高さ日本一を誇り、日本の高層ビルの象徴でもあった浜松町の世界貿易センタービル（40階建て）も同社の告知によれば2021年春から解体が始まる予定となっている。日本では、これからスクラップアンドビルド時代の全盛期を迎えるかもしれない。

第3章で私の経歴を見ていただいたとおり、過去には高層ビルのファシリティマネジメントもやってきているので分かるのだが、天井高や設備など基本的な性能が時代に合わず、その改良に膨大な費用がかかる場合には「建て替えたほうが早い」と思うときもある。だが今の時代、やはり現実的には難しい。建て替えの際にさらに高層化して床面積を増やすなどして採算性を高めても帳尻が合わないことが多い。地価の高い超都心に限ればあり得るが、そうでない地方都市などの場合、大型の建て替え工事をやって採算を合わせようとするなら、新しく建てる建物のスペックを落とすなどするしかない。実際に、建て替え後の建物を安っぽく感じることが増えてきた。日本の経済成長が止まっていることと関係しているのだろう。

もはや、建て替えが最良の選択となるケースは、今後減っていくことが予想される。この場合は建物を残してリノベーションする場合のプランとの比較をしたほうがいいだろう。

建て替えたほうが早い。そうなってしまう背景がもう一つある。建築基準法の問題だ。この法に基づく許可を得なければ、建物を建てることができない。同法では地震で倒れないための構造基準や火災時に避難しやすいような通路の基準などが定められている。この上位法に当たる都市計画法では用途地域などを定めているが、それら地域区分によって実際に建物がどうあるべきかは建築基準法で具体的に詳しく決められている。

例えば「高さ制限」によって、建物の上部が階段状に斜めになっていたり、住宅街では低い建物ばかりが並んでいたりする。同法は街並みや建物のデザインも左右するのである。街も建物も私たち国民の財産そのものでもあるから、この法律の国民生活への影響はとても大きい。

特にこの法律が優先しているのは建物の安全性だ。過去に大震災や大きなビル火災などが起こるたびに、その反省を教訓に基準がどんどん見直されてきた。2019年には京都のアニメーション制作会社のスタジオで放火により多くの死者を出す悲しい事件があったが、延焼防止や排煙、避難確保などに新たな課題を残した。関連する規制が見直されることもあり得るかもしれない。

このように国民の安全を守る重要な法律なのではあるが、時代にそぐわなくなっている部分もある。そこでいつも議論になるのが、「既存建物」への規制だ。新しく建てる建物を「新築」と呼ぶのに対して、すでに建っている建物を「既存」と呼ぶが、建築基準法は、この新築と既存のいずれにも規制がかかる法律だ。新築は「建築確認申請」により許可手続きを経なければ建物を建てられないから、厳格に規制できる。一方で、既存建物に対しては取り締まるのが難しいのだ。既存建物は建物が建ったときの基準で造られているが、法律が年々改正されるから、すぐに法律規制を満たさない違法状態となってしまう。法改正に合わせてその都度改修工事などやっていられない。

そこで国は、「既存不適格」という制度をつくり、「建てられたときの基準を満たしていれば違法とは見なさない」とした。これはある意味便利な法律ではあったが、ダブルスタンダードを生んでしまい、「違法ではないが完全に安全ではない」建物が大量に存在することとなったのだ。さらに年々変化する法律に対して、その建物が一応違法ではない既存不適格なのか、正真正銘の違法建築なのかの判断が極めて難しくなっている。さらに国交省は「改修工事などをやる際にある程度現行基準に合わせるように」との通達を出した。これを「既存遡及」というが、これがさらに問題を複雑にした。果たしてどの程度の改修工事の場合にそれを求めるのかが議論となった。また、その手続きについて、許可申請が必要なのか自主的に工事をするのか、その点も大きな課題だった。

結果として今現在も、全体として緩和される方向にはあるが、この議論は完全には収束していない。だが、規制があいまいなままだと、大きな資金を投下するプロジェクトを手がけることが難しくなる。基準を満たすと思って資金調達など進めた揚げ句に違法とされてしまっては、プロジェクトが途中で頓挫してしまう。事業に融資しようとする銀行も、融資判断に慎重になってしまう。そうした「法的リスク」があまりに大きく、特に大型の改修プロジェクトが進みづらくなっている。大型プロジェクトでなくとも状況は同じで、それが日本のリノベーションの普及を阻む足かせとなっている。

これに対する私の提言はシンプルだ。建築基準法を「新築基準法」にして、新築時にのみかける法律に改正したらどうだろうか。これなら表紙の文字を1字変えるだけで済む。既存の建物に関しては、別の法律をつくって規制すればいい。例えば「建物所有者責任法」という法律をつくり、既存建物を安全に維持管理する責任を所有者に負わせるのだ。現時点でも、所有者には一定の法的責任が課せられているが、これを明確にし、手続き方法など定める。既存には既存のルールを新築とは別につくってしまうのが早い。

所有者の負担が増えるからと反対の声が上がるだろうか？　いや、反対に建物の適法性が証明しやすくなることで担保価値が高まり、銀行から借り入れしやすくなる効果が期待できる。

規制そのものを緩和しようという議論もしばしば起こるが、建築規制は生命の安全に直結する面があるので、緩和は難しく、緩和の議論をした結果、反対に厳しくなったということもある。新しく建てる建物は時代の要請に合わせて基準をどんどん高めていけばいい。一方の既存建物の安全を担保する方法としては、消防署などに判断を委ねるやり方もある。そのほうが現実的かつ柔軟で効果的な安全対策を取りやすくなるはずだ。

もう一つ、提言したいのは家いちばでやってきた不動産売買における「セルフセル方式」の普及である。従来の、間に不動産会社が入る「エージェント方式」にも利点はある。売り手側と買い手側にそれぞれの別の仲介会社（エージェント）が入り、それぞれの依頼者の利益を最大化するために交渉と調整を行うのであれば、双方にメリットがあるだろう。このやり方は被告と原告の間に立つ弁護士と似ており、ある意味欧米式といえる。

一方、相手の人となりを重視し、当人同士の話し合いで解決を図るセルフセル方式は日本式といってよい。それによりどういうメリットがあり、実際に多くの幸福を生んでいる事実はこれまで説明してきたとおりだ。もちろん、両方式に一長一短があるから、これらをその人のニーズによって選べるようになればいい。

第2章で説明したように、セルフセル方式により、売り手と買い手の「主体性」が育まれるメリットも大きい。既存建物に対し、建築基準法に代わる所有者責任法の提言をしたが、これもオーナーの主体性が前提となる。逆に言うと、現状は建物所有者の主体性がやや乏しい状況があり、建物の利活用と安全が満足に保たれず、結果として老朽化して放置される建物が大量に生まれ、さらにその結果として、国民の資産がどんどん目減りしどんどん貧しくなってしまっている。

これに歯止めをかけるためにも、不動産の制度として、売買においても維持保全においても、オーナーシップをもっと促進する流れに変えることを提言したい。テーマは主体性である。家いちばのようなセルフセル方式は、それを後押しする仕組みとなっていると自負している。

実際に、私がそう言わなくても、すでに皆さん、主体性を持って売り買いの相手とのやりとりを日々されている。私は、ここに日本の明るい将来を感じている。

3 新時代のライフスタイルを空き家から

分散型社会の実現

家いちばでこれまで売り買いされた物件の数は270件（2020年10月末時点）。地図で見てもらえるとおり、全国に広がっている。北は北海道から、南は宮古島まで全国津々浦々だ。過疎地や離島も多い。通常、「需要がない」と言われるエリアほど家いちばが得意としているのが分かってもらえると思う【図4-11】。

よく売れているエリアは、「大都市からちょっと離れた田舎」だ。関東なら、房総半島、茨城、山梨、伊豆半島。関西方面だと、琵琶湖周辺、兵庫県の北部、淡路島、紀伊半島。東京や大阪の都心部からクルマでだいたい2時間圏で、日帰りでもふらっと行って帰ってこられる距離感の場所である。こうした場所なら自然が豊富で土地も安い。

同じような傾向として、中部エリアも人気だ。長野県はもともと移住先としても人気エリアで知られるが、木曽や奥三河、岐阜、能登半島なども名古屋と東京、両方へのアクセスの良さがある。全般的に売買物件が多い地域は日本地図の真ん中辺りに集中している。

そのほか、局地的には本書の事例でも度々登場してくるように「北九州市」にも人気が集中している。なぜだろうか？　かつては九州唯一の百万都市だった北九州市は1978年に福岡市に抜かれて以降、政令指定都市の中では最も早い1980年代から人口減少が始まるなど、人口を大きく減らしてきた大都市の一つ。製鉄、化学、窯業、セメントなどの重厚長大型の素材産業中心の工業都市で、産業構造の変化の影響を大きく受けた。

それに加えて斜面に家々がへばりつくように建ち、階段も多く、特に高齢者には住みづらくなった。車両も入りにくく工事もしづらいから、建物の新陳代謝もあまり進まない。ずっとこの地に住んできた人からするとかつての繁栄の記憶も新しく、現状の廃れ具合を見るにつけ、一層気落ちするのだろうか、物件が安く売りに出される傾向がある。一方で買い手からすると魅力が満載だ。人口減少は進んでいるとはいっても、政令指定都市の風格があり、繁華街も十分ににぎやかだ。新幹線も止まれば、空港まである。独特の坂の雰囲気も外からの目には魅力に映るし、海も山もある。玄界灘の海産物もおいしい。この売り手と買い手の認識のギャップがいいのだろう、次々に売れていく。北九州には、空き家物件が潜在的に豊富にあるようなので、今後もこの傾向は続きそうだ。

なお北九州と似たような街として、関東では横須賀市がある。北九州市同様、人口減少が著しいかつての大都市で、坂も多く、やはりよく売れている。

長らく東京への一極集中が続き、その不均衡を直そうと交通網も整備されてきたが、その都度、反対の「ストロー現象」が起きて、ますます東京の利便性、優位性が高まり、多

【図4-11】家いちば成約物件マップ

出所：Map data ©2020 Google

くの企業が支店を引き上げて、東京本社に機能を集約する動きが見られた。それに対する逆の流れが今起こっているのである。集中ではなく、分散の流れだ。これはコロナ禍以前から見られた現象で、それがコロナ禍によって一気に加速された格好だ。コロナ禍の2020年4月以降、家いちばの成約数は倍増して、しばらく品不足状態が続いている。

この流れには、交通網の整備という社会的背景があると感じている。私自身、家いちばを通して全国100カ所近くの物件を見て回った。ほとんどが田舎の僻地の物件だ。しかし、東京を朝一番に出発すれば昼前に現地まで到着して、ひと仕事終えられるくらいに国内の交通網は整備されているのである。どんな田舎でも、空港か新幹線の駅でレンタカーを借りて高速道路を使えば、インターから30分か1時間ほど走れば現地に着ける。いつのまにか、それくらい、高速道路が全国を網目のように網羅されていたのだ。過疎地の道路建設は税金の無駄遣いだとの批判もあるが、もう造ってしまったのだから、これからはもっとそれら道路網を使いこなしていくほうがいい。これもストック活用だ。

LCC（格安航空会社）の拡充も大きい。飛行機を気軽に利用できるようになった。家いちばが、東京に拠点を置きながら全国の物件を取り扱えているのも、この恩恵が大きい。

さらにこの仕事をしていると、東京の優位性を一層強く感じる。例えば、九州支店を福岡市につくったとしても、鹿児島に行く用事ができた場合には東京から直行したほうが安くて速いということがあり得る。秋田から北海道に直接移動しようとしたときに、直行するよりも東京に一度戻ったほうが速くて安いということもあった。東京の優位性は今後も変わらないだろう。だから、「地方か東京か」という議論はある意味不毛である。やはり東京がいいと言う人が多いのではないだろうか。だから、この分散化の流れの本質は「多拠点化」だ。東京か地方どちらかを選ぶのでなく、両方を拠点として使いこなすこと。交通網の整備が、その多拠点分散化を大きく後押ししている。

交通網以外の要因としては、インターネットの普及も大きい。インターネットによって、情報の格差が少なくなった。従来は国会図書館ででも調べないといけなかったようなことも、今ではグーグルで検索できる。遠くにいる人とチャットを使ってグループトークもできるし、テレビ電話も当たり前になった。これまではネット格差が問題となっていたが、それもスマートフォンやタブレットの普及もあって、高齢者や子どもたちも普通に使いこなすようになった。それに、アマゾンを筆頭に、ネットの普及で物流の高度化も進み、今やどんな田舎でも、クリック一つでほとんどのものが手に入るようになった。日常的な食料などは、食品スーパーとコンビニとドラッグストアがあれば、ほとんど足りてしまう。

これら3点セットは過疎地にもそこそこある。これら大手チェーンの進出により地域の独自性が崩れてしまったというマイナス面も確かにあるが、不便すぎて住めなくなり、集落ごと消えてなくなってしまうよりはいいと私は前向きに考えている。

自然災害と分散化で共存

先にも述べたように、近年、自然災害が増えている。もともと日本は災害の多い国で、狭い国土に震源、火山が集中している。日本中、常にどこかで地震が起こっていると言ってもいいくらいで、海外から来た旅行者は、慣れない地震に腰を抜かす。

台風銀座とも呼ばれ、日本列島を沿うように進路移動する大型台風が毎年いくつも通過する。その都度、死傷者も出るが、その教訓から災害対策も進められている。例えば東京の地底50mには世界最大級の地下放水路「首都圏外郭放水路」が造られており、大量の雨水を一時貯蔵して地上での浸水被害を防ぐようになっている。

地震に耐える建造物の技術も進んだ。地震から守る法としては「耐震」「制震」「免震」の3つがある。骨組みそのものを頑丈にする耐震、地震の揺れをダンパーなどで吸収して揺れを抑える制震、それから地面からの揺れを建物に伝えないように緩衝ゴムで建物を支える免震である。

ただ、実際に売られている住宅でどこまでこうした対策が講じられているかといえば心もとないところがある。例えば、平成30年度の一般社団法人住宅性能評価・表示協会の統計で、住宅性能表示制度の耐震等級を見てみると一戸建てでは耐震等級3が95・8%と高いものの、マンションでは4・1%にすぎない。耐震ならそれほどではないものの、免震となると工事費が1～2割はアップすると言われており、費用がかかることが障壁になっているのだ。

また、免震構造に関しては、2015年に肝となる免震ゴムの試験結果を偽装する事件があり、信用が揺らいだ。交換のために必要な工事費が膨大に及ぶことも分かった。免振ゴムの寿命は60年と言われるが、それら更新時期の膨大な更新費用を賄えるのか、資金計画も重要であることが分かった。新しい技術は完全に検証しきれていない面があるのだ。

災害に関しては新たに分かることもある。タワーマンションの耐震性は折り紙付きだったはずが、2011年の東日本大震災時には「ゆっくり大きく揺れる地震」に対しては長周期地震動という別の種類の負荷がかかることが判明した。国土交通省は2016年に長周期地震動への対策についてとりまとめ、地方公共団体などの関係団体宛てに通知をしているが、補強などの対策が必要になることもある。このように、技術の進歩は素晴らしいものがあるものの、自然の力に対しては万能ではないことを念頭に置くべきだろう。過信は禁物だ。

どんな状況であっても自分の住む家は選ばなくてはならない。できれば自然災害に強い家を選びたいところだが、これだけ自然災害が多いと難しい。低い土地には浸水の可能性があるし、高い土地には土砂崩れがある。地震に至っては全国に逃げ場がないことがすでに分かっている。仮に究極に安全な不動産があったとしても、それはとても高価なものとなり、手が出せないかもしれない。

私のそれに対する答えは、リスクは分散するしかないということだ。すなわち、住まいを複数持つ。頑丈で安全な家を1つだけ持つよりも、ほどほどのものを複数持つほうが合理的な場合がある。仮に1つが地震で倒壊しても、そのときはもう1つの家に避難できる。大型で甚大な被害を及ぼしそうな台風が接近してきていることがあらかじめ分かれば、進路からはずれている拠点に一時避難をしておくこともできる。

かつては、田舎の実家があり、非常時には田舎に身を寄せるという手段を取れた。しかし、今やそんな実家を持っている人がどんどん減っていて、拠点はむしろ単一化する傾向にある。実家の代わりの逃げ場は自分で用意しなければならない時代である。

分散して拠点を持つことは不動産のリスク分散にもなる。不動産投資の世界では、リスク分散は鉄則なのだ。投資目的ではない不動産所有だとしても、この理論は応用可能である。

空き家購入は現実的で個人も社会も変える選択

このように、今後は分散化、多拠点化の流れを受けて、地方の安価な不動産のニーズが高まっていくことが予想される。国内の空き家は400万戸ほどあると言われるが、これは10世帯に1世帯が「2拠点目」を持てば一瞬でなくなってしまう数でもある。そうなれば、条件のいい空き家は奪い合いになるだろう。

実際に、家いちばでそんなことが起こっている。新着情報を毎日のようにチェックしているユーザーも多く、需給バランスを考えると、今後は空き家の相場は上がっていくかもしれない。今のところはいないが、これからはひょっとすると投機目的で安価な空き家を大量に買い漁るような人が出現するようになることも考えられる。このように、不要とされた空き家がいろいろな価値の観点から見直されるようになれば、空き家問題は解消することになる。しかも、そこには多額の税金投入も大きな法改正も不要だ。さらに空き家の利用は個人に幸せをもたらす。相場が多少上がったとしても、空き家が安価であることは当面変わりないだろう。その気になれば、すぐに購入できる堅実な選択肢なのだ。

さらにＤＩＹをすれば買った後の出費も抑えられる。家いちばの買い手には節約志向の人が多く、自分でＤＩＹもする人が少なくない。ただ、節約目的だけのＤＩＹは、結局自分の時間が取られただけで終わってしまい、途中で断念してしまうこともある。楽しんでやれる人でなければ、ＤＩＹはお勧めしない。それでも、ＤＩＹには少しずつやれるというメリットがある。あまり知らない土地で買ったばかりの家に数千万円の費用をかけた改修工事にはリスクもある。いきなり、大金を投じる前には住み慣らしも必要だろう。

そして失敗したと思ったら、また売ればいい。初めから安い金額で買っていれば損失は少なくできる。それに同じ金額で売れるとは限らないが、家いちばで買った家は家いちばでまた売れる可能性が高い。やり直しができるのだ。

そうやって小さな失敗をしながら経験を積み重ねていくことにも意味がある。安価な空き家を買うことで経験、知識を蓄積、より良い住まいを選べるようになるし、さまざまな人に会う、主体的な考え方ができるようになるなど、ひょっとしたら人生を変えるきっかけになるかもしれない。しかも私は、その個人の経験が社会問題の解決につながると考えている。空き家を買ってみようとする人の行動一つ一つが、この章で説明したような空き家以外の社会問題にもいい影響を与えることになるとすれば、一石二鳥どころか、何鳥にでもなる。それってワクワクしませんか。

あとがき

「日本中をハッピーにする」

富士五湖の一つ、山中湖畔の老舗の別荘地で退職後20年間ほど暮らしてきた近藤弘文さん(仮名)が病気療養のために温暖な地に移転し、別荘が空き家になったのは2019年のこと。建物は築56年と古いもので、近藤さんが購入する前は保養所として使われていたのだろうか、個室が何部屋もある大きめの別荘である。これまで費用もかけて改修工事もやってきた。別荘地自体もゆったりと造られており、敷地内には樹木が生い茂り、ウッドデッキでくつろげる場所もある。

近藤さんは自分が気に入って過ごした家がこのまま朽ちていくのは忍びなく、誰かに譲りたいと考えた。しかし、本人は療養中である。現地に行くこともままならない状態だったので、旧知の友人の木本正次郎さん（仮名）にお願いをした。近藤さんとは50年来の付き合いだ。

2人は話し合い、老朽化で雨漏りしている部屋もあり、別荘地全体が借地にもなっていることを考えて、当初は100万円を切る値段で売り出すことにした。この別荘地内では破格の値段である。そのため、掲載後のわずか1週間で問い合わせが100件を超え、家いちばの事務局が新規の受け付けを中断しなくてはならないほどとなった。売主の友人の木本さんは、内覧会を開くことにしたが、3日間の日程に40組以上の予約が殺到し、時間調整も大変だった。

9月の連休を使った内覧会だったが、内覧会の初日早朝から3時間かけて片付けをし、庭の草刈りもして木本さんは疲労困憊《こんぱい》。そこに連日の10組を超える来訪者への慣れない内覧対応である。渋滞で予定通りの時間に来られない人も多く、子どもがウッドデッキから庭に落っこちたりという珍事もあった。木本さんは疲れて、夜は大好きな温泉に行く気にもなれないほどだった。それでも、とても気に入ってくれた人もいて、それが励みになった。良い継承者を見つけ、友人である持ち主の近藤さんを喜ばせたい一心だった。

購入した伊藤俊彦さん（仮名）はちょうど山中湖周辺で別荘を探していた。家族に喜んでもらえるかどうか、試しにと2020年の夏には家族4人プラス愛犬1匹で近藤さんの別荘の近くの貸別荘に滞在もしてみた。家族の楽しそうな様子、喜びに本腰を入れて探そうと思っていたときに友人から情報がもたらされた。

「家いちばというサイトによさそうな山中湖周辺の別荘が出ている、どうだろう？」

早速サイトを見ると、ちょうど夏に滞在した貸別荘の近くで地理が頭に入っていた。いい場所じゃないかと思った。当初は家族と訪れる友人家族ぐらいが泊まれれば、それほど広い建物でなくても良いと思っていたが、広い分には問題はない。加えて前のオーナーがとても大事に、きれいに使ってきているらしい状況にも引かれた。大型の別荘だから、一般的な不動産の流通には乗りにくいのだろうが、こんなに丁寧に使われてきた建物をスクラップ&ビルドしてしまうのはもったいない。活用して受け継ぐべきだと思った。

そこで内覧会に参加、木本さんからじっくり話ができたのもうれしいことだった。建物、周辺の魅力、良いことはもちろん、悪いことも含め、やはり所有者、その友人が持つ情報は貴重だと思った。不動産会社が間に入るにはいいこともあるだろうが、切り捨てられる情報もある。専門家は法律面など取引を安全にし、トラブルを防止することに注力すればよいのだと思った。

「空き家が増えるのが大きな問題と聞いているが、現行の不動産取引のやり方だけでは解消は難しいように思う。富士五湖周辺でも別荘の20軒に1軒以上は空き家になっていると思う。それを家いちばのシステムを使ってうまく生かし、継承していけば、今の硬直的な仕組みから脱却、売主、買主が共に豊かになる社会になっていくのではないか」

鍵の引き渡しはまだこれからだが、家族と過ごす山中湖での暮らしが楽しみでわくわくしてたまらないと伊藤さん。住んでいる横浜からはクルマだと100㎞ほどと近く、気軽に行ける距離。良い買い物をさせてもらいましたと伊藤さんは本当にうれしそうに何度も笑った。空き家がこれほどの笑顔につながるのである。

こうやって、空き家が売れることで、売り手も買い手も満足をし、幸せな気分になれる。このケースの木本さんのように、売主本人だけでなく、関わった人も大きな喜びに満たされる。それは、私たち家いちばを運営しているスタッフも同じだ。

別荘の管理会社の人もこの売買を歓迎した。放置された空き家が増えていくことは、別荘地のほかの利用者にとっても望ましいことではない。所有者が不明となり管理費も払われなくなる区画が増えると、別荘地全体の維持管理にも影響を及ぼしかねない。さらにこの別荘地は、富士山麓の国立公園内でもあり、土地の所有者は山梨県。個人のもののようで、そうではない、多くの人にとっての財産でもある。その一部が、新しい人に託され、また新しいストーリーを育んでいくことになった。関わったすべての人の心が、希望に満たされた。

家いちばが紡ぐストーリーは今も進行中だ。ちょっとした発想の転換で、これまでにない新しい方法で空き家を売り買いする。ある人のストーリーからバトンを渡され、またある人のストーリーへつながっていく。そうやって、自分も人も、そして日本全体までもがハッピーになれること。それが、空き家幸福論である。

藤木哲也

藤木哲也　ふじき　てつや

家いちば株式会社代表取締役CEO。1993年、横浜国立大学建築学科卒。ゼネコンで現場監督、建築設計事務所で設計、住宅デベロッパーを経て、不動産ファンド会社にて不動産投資信託やオフィスビル、商業施設などの証券化不動産のアセットマネジメントに携わる。豪ボンド大学のビジネススクールにてMBA（経営学修士）を取得後、2011年に家いちばの前身となる不動産活用コンサルティング会社、エアリーフローを設立。15年に「家いちば」サイトをスタート、19年、家いちば設立

空き家幸福論

問題解決のカギは「心」と「新しい経済」にあった

2020年11月24日　第1版第1刷発行

著　者	藤木 哲也
発行人	伊藤 暢人
発　行	日経BP
発　売	日経BPマーケティング
	〒105-8308　東京都港区虎ノ門4-3-12
編集協力	中川 寛子（東京情報堂）
編集	田中 淳一郎
校正	聚珍社
装丁・本文デザイン	中川 英祐（Tripleline）
図版作成	中澤 愛子（Tripleline）
印刷・製本	大日本印刷株式会社

　ISBN978-4-296-10740-7